南京に「日中不再戦の誓い」の碑を建てて

—— 日中労働者交流協会50年のあゆみ

日中労働者交流協会

発刊にあたって

　日中労働者交流協会（日中労交）は1974年に結成され、今年結成50周年を迎えました。以前から「50年のあゆみ」の発刊を計画していましたが、単に50年間の活動記録を残すことに留まるわけにはいかない情勢になりました。コロナの流行によって中国を訪問することができない一方で、2021年の日米首脳共同声明に台湾条項が盛り込まれ、「台湾有事」が叫ばれるようになったからです。日中友好運動は、平和運動の一環を担う活動ですが、こうした情勢の中で厳しい現実に直面しています。しかし、歴史を紐解けば日中友好運動は、紆余曲折を経ながらも粘り強い運動により、国交正常化を図り、和解を導き、平和友好関係を築く道を歩んできました。

　日中労交は、初代会長であった市川誠（元総評議長）の「誓い」をもとに2009年、南京の侵華日軍南京大屠殺遇難同胞紀念館に「日中不再戦の誓い」の碑を建立しました。この「誓い」こそが今の日中労交の活動の基調です。「日本軍国主義の中国侵略戦争を労働者人民の闘争によって阻止し得なかったことを深く反省し」、「子々孫々、世々代々にわたる両国労働者階級の友好発展を強化し」という「誓い」の言葉をどう実現していくのか、今鋭く問われています。

　本書を発刊することは、日中労交が戦後の日中友好運動、平和運動の中でどのような役割を果たしてきたのか、これから果たすべきなのか、日中労交の「自分探し」の作業でした。日中労交は、組織消滅の危機にも遭遇しましたが、国際的な政治・経済・軍事情勢の変化の中で、また日本の労働戦線の変化の中で、反戦・反覇権、日中友好の灯を消すことなく、労働者階級の友好連帯を模索しながら活動してきました。このような諸先輩の初心と努力を忘れず、伝え続けることが必要だと思います。

　中国で学生と交流したとき、「歴史を知らずして、政治を語ることなかれ」という言葉を教わりました。自らの歴史を主体的に振り返ることが、これからの日中平和友好関係の強化に貢献し、運動を次世代に引き継ぐためにも本書を発刊しました。

「日中労働者交流協会50年のあゆみ」編集委員会

目 次

────────────────── 凡　例 ──────────────────

1　引用文は、読みやすさを配慮し、旧仮名遣いは新仮名遣いに、
漢数字はアラビア数字に改めた。明らかに誤字と思われるものは
修正した。ただし、原文の表現が当時の状況を反映していると思
われるものは、そのままにした。

2　日本の組織名・施設名については、初出のみ正式名称とし、そ
の後は略称とした。中国の組織名・施設名についてはなるべく略
さないようにした。

3　侵華日軍南京大屠殺遇難同胞紀念館については、略称を「南京
大虐殺記念館」と表記すると「大虐殺」を賛美して記念するかの
ように受け止められる可能性があるので、略称は「南京紀念館」
とした。なお、「侵華日軍南京大屠殺遇難同胞紀念館」の「大屠
殺」、「紀念」は固有名詞なのでそのまま使用した。

4　人物の敬称は省略した。

5　中国の読みにくい固有名詞などにはルビを振った。

序 章

　「前事不忘、后事之師」（前事を忘れざるは後事の師なり）[1]という言葉がある。「過去のことは忘れず、後（のち）の戒め（教訓）とする」という意味である。南京にある侵華日軍南京大屠殺遇難同胞紀念館（以下「南京紀念館」）の最後の展示室には日中友好の展示があり、壁に大きく「前事不忘、后事之師」と書かれている。

　日中労働者交流協会（以下「日中労交」）は今年結成50周年を迎える。1972年9月29日の日中国交正常化を受けて、1974年8月21日、日本労働組合総評議会（総評）系の産業別組織24単産、地方組織9地県評、全日本労働総同盟（同盟）系の産業別組織1単産、中立労働組合連絡会議（中立労連）が結集してつくられた、日本と中国の労働者交流を担う組織である。初代会長は市川誠[2]（総評議長）、初代事務局長は兼田富太郎[3]（全日本港湾労働組合委員長）であった。

　総評は、朝鮮戦争が勃発した1950年にGHQの肝入りで結成されたが、翌年の第2回大会で講和をめぐる対応について、全面講和、中立堅持、軍事基地反対、再軍備反対の「平和4原則」を採択した。「ニワトリからアヒルへ」変身したのである。当時、日本政府は、連合国による占領の終了にあたって、西側陣営に与して片面講和を行い、日米安全保障条約を結んで米軍基地を存続させ、新たに警察予備隊（自衛隊の前身）を創設して再軍備を行おうとしていた。総評は、平和生存権を謳い、戦争放棄、戦力不保持を明記した日本

---

1)　「前事不忘、后事之師」は『戦国策』（紀元前1世紀）の言葉。1972年9月25日、北京で行われた田中角栄総理歓迎宴で周恩来総理は「前のことを忘れることなく後の戒めとすると言いますが、われわれは、そのような経験と教訓をしっかり銘記しておかなければなりません」とあいさつした。

2)　1912年埼玉県生まれ。高等小学校卒業後、陸軍航空本部補給廠で働く。戦後、埼玉県入間市の米軍ジョンソン基地で働き、労働組合を結成。全駐留軍労働組合（全駐労）の結成に参加。1953年全駐労中央執行委員長、1970年総評議長（1976年まで）、1974年日中労交会長、1977年『労働情報』顧問。1997年5月21日に死去した。

3)　広島県出身。戦前から大阪市交通局、大阪港の労働組合運動に参加。1946年7月全日本港湾労働組合同盟（1949年全日本港湾労働組合に改組）を結成し、1952年から1974年まで中央執行委員長を務めた。この間、1958年総評副議長。1972年全国港湾労働組合協議会（全国港湾）初代議長。1974年8月、日中労交が結成されると初代事務局長になり、1985年3月29日に74歳で死去した。

国憲法を擁護して、戦後の労働運動、平和運動をけん引する労働組合の中央組織（ナショナルセンター）となった。それは、侵略戦争を反省し「二度と戦争はしない」と誓った日本国民の意思に合致するものであった。

　日本の主要な平和運動には、原水爆禁止運動、憲法擁護運動がある。原水爆禁止運動は、核兵器禁止の世界的な運動と1954年3月1日にビキニ環礁での核実験による第五福竜丸の被爆を契機とする運動の盛り上がりのなかで、1955年8月6日に広島で第1回原水爆禁止世界大会が開催され、同年9月、原水爆禁止日本協議会が結成された。また、憲法擁護運動は、1954年に左派社会党、右派社会党、労農党、総評をはじめ宗教団体、市民団体など144団体が結集して憲法擁護国民連合（護憲連合）がつくられ、反基地闘争、反安保闘争などを闘った。しかし、60年安保闘争後、運動の分裂・分岐が起こり、紆余曲折を経ている。1989年に労働戦線の統一による新たなナショナルセンターである日本労働組合総連合（連合）が結成されたが、護憲連合と原水爆禁止国民会議は、連合が継承しない平和運動などの課題を継承する組織であるフォーラム平和・人権・環境（平和フォーラム）に再編されている。

　日本の平和運動は、被害者意識が強く加害者意識が希薄である。日中友好運動は、中国侵略の反省の上に日本の平和運動の一環を担っていたが、政治情勢、運動状況の変化に伴い、友好交流の内容を変化させながら日中友好運動を続けてきた。本書は、労働運動として日中友好運動を担った日中労交の50年のあゆみを記したものである。

　日本は、1937年の7.7事変[4]をきっかけとする中国への全面的な侵略戦争を開始すると、戦時体制における労働力不足を補うために、国内から、植民地である朝鮮から、そして外国である中国からも強制的に労働力を移動させる政策を展開した。1938年に国家総動員法[5]が制定され、1939年に「労務動員計画」がつくられる。国家総動員法による勅令には、国民徴用令、船員徴用令、医療関係者徴用令があった。

　1910年、日本は朝鮮を植民地化した。土地調査事業などによって土地を取り上げられた小作農が朝鮮から日本に生活の糧を求めて渡ってきた。朝鮮人たちは、日本国内において様々な所で働いていた。1934年には朝鮮人の移入制限が行われたが、「労務動員計画」にもとづき、1939年9月には朝鮮から労

4）　盧溝橋事件から始まる日華事変（支那事変）のこと。中国では「7.7事変」という。
5）　1938年5月施行。国家総動員法第4条には「政府ハ戦時ニ際シ国家総動員上必要アルトキハ勅令ノ定ムル所ニ依リ帝国臣民ヲ徴用シテ総動員業務ニ従事セシムルコトヲ得但シ兵役法ノ適用ヲ妨ゲズ」と書かれている。

働力を日本内地に送出すべき労働者募集が始まった。炭鉱・鉱山・土木建築などで朝鮮人を働かせた。連行された朝鮮人の多くは農民であり、技術力に乏しい彼らは、苛酷な肉体労働を強いられ、「皇民化」政策による労務管理を受けた。1942年には「官斡旋方式」、1944年9月には「徴用令方式」が行われるようになった。強制連行された朝鮮人の人数は、1939年から1945年8月までに72万5000人であった[6]。

　一方、中国人については、1942年11月27日東條英機内閣は、戦時中の労働力不足を補うため、「華人労務者内地移入ニ関スル件」を閣議決定した。日本に強制連行された中国人は、1943年4月から1945年6月までの間に3万8935人であった[7]。彼らは、日本企業35社の135事業所に配属された。その内訳は、土木建設業の15企業63か所に1万5253人、鉱業の15企業47か所に1万6368人、港湾運送業（戦時統制令の下で日本港運業会が受け入れ団体となって各港に配分していたので一企業）の21港に6099人、造船業の4企業4か所に1215人であった。全国各地の事業所に配属された中国人労働者は、監禁された状態で、暴力をふるわれながら、賃金が支払われることもなく、強制的に危険な重労働に従事させられた。宿舎は粗末なものであり、十分な食事も与えられなかった。そのため、日本で6830人が死亡した。

　国立千鳥ヶ淵戦没者墓苑は、アジア太平洋戦争で亡くなった日本人戦没者の墓苑である。海外で亡くなった軍人・軍属210万人、一般邦人30万人、そして本土で亡くなった70万人を合わせて戦没者は310万人である[8]。70万人のほとんどは、広島と長崎に投下された原子爆弾で亡くなった方、各地の空襲で亡くなった方、沖縄の地上戦で亡くなった方など多くの民間人である。

　中国人の1931年9.18事変[9]以降の戦争による死亡者は、2100万人を超えるといわれている。また、青木茂によれば、中国国内で日本軍や日本企業に強制連行された労働者は約4000万人、その内、死亡したものは約1000万人である[10]。中国各地に残る「万人坑」は、日本軍によって強制連行され、日本企業で奴隷のように働かされて死亡した中国人、あるいは虐殺された中国人の死体の捨て場である。単純計算をしてみると、戦没者における民間人の割合は、日本が32％、中国が48％である。強制連行された中国人労働者の死亡率は、

6)　西成田豊『労働力動員と強制連行』山川出版社、2009年、p.34

7)　外務省「華人労務者就労事情調査報告書」（いわゆる「外務省報告書」）

8)　国立千鳥ヶ淵戦没者墓苑のホームページ。同ホームページでは「大東亜戦争」と表示している。

9)　満洲事変のこと。中国では「9.18事変」という。

10)　青木茂『中国に現存する「万人坑」と強制労働の現場』花伝社、2022年、p.66

日本では17.5％、中国では25％である。

　日中戦争において実際に中国人を殺害したのは労働者や農民であった日本の兵士であり、中国人強制連行者を奴隷のように酷使したのは日本の労働者であった。日本労働者の日中友好運動は、侵略戦争の反省の上に始まったものであるが、その出発は中国人強制連行殉難者の遺骨を中国に送還しようという運動であり、その契機となったのは、在華同胞帰国事業であった。

　総評と中国の労働組合中央組織である中華全国総工会との接触は1952年ごろから始まるが、本格化するのは1952年12月の中国紅十字会[11]からの在留日本人帰国の呼びかけからである。当時の日本政府は台湾の蒋介石政権と日華平和条約（日台条約）を結んでいて、中華人民共和国を敵視する政策をとっていた。そのため、日中友好運動は民主団体や労働組合によって行われていたが、政府の制約や妨害を受けて大変厳しいものがあった[12]。中国紅十字会の呼びかけは、中国に残留している日本人を日本に送り返したいという在華同胞帰国事業である。帰国事業について、日本側は日本赤十字社[13]、日中友好協会[14]、平和連絡会[15]の3団体が受け入れ団体になって1953年3月から始まった。帰国事業に呼応して、戦時中に中国から日本に強制連行され日本で亡くなった方の遺骨を中国に送還しようと運動が起こった。1953年2月には日本赤十字社、日中友好協会、総評、東京華僑総会、棗寺[16]、日本仏教連合会など14団体が中国人俘虜殉難者慰霊実行委員会の結成を呼びかけた。遺骨送還は1953年7月から始まるが、帰国船に日本で亡くなった中国人強制連行者の遺骨を乗せて中国に行き、中国から残留日本人を乗せて日本に帰ってくるという航海が行われるようになった。

　また、総評の代表団が、日本政府が発行した中華人民共和国あての旅券を

11）　「紅十字」とは「赤十字」にあたる。1904年「万国紅十字上海支会」が結成された。辛亥革命後の1912年大清紅十字会を中国紅十字会と改称し、赤十字国際委員会に加盟した。

12）　吉岡徳次「日中友好の基盤づくり─戦後50年の日中労働者交流をふり返る」1995年5月24日、シンポジウム「戦後50年総括と日中労働者の課題」にて。

13）　1877年の西南戦争のさなかに設立された「博愛社」という救護団体が前身。1887年、日本赤十字社に改称。世界で19番目の赤十字社として認められた。

14）　中華人民共和国との友好交流の促進を目的として1950年に設立された日本の団体である。正式名称は日本中国友好協会。1966年に分裂し、以降は2団体が同協会を名乗っている。

15）　1952年10月に北京で「アジア太平洋地域平和会議」が開かれ、中華全国総工会から、総評、産別会議、賃金共闘、世界労連日本連絡会に代表を送るように連絡があった。日本側は「日本平和連絡会」（畑中政春事務局長）をつくり、松本治一郎を団長に60名の派遣団を組織した。日本政府の旅券交付拒否により渡航できなかったが、4名が密航して出席した。

16）　正式名は運行寺。東京都の浅草にある。住職の菅原恵慶が中国人俘虜殉難者慰霊実行委員会の事務局長として活動し、花岡から中国へ送還される中国人の遺骨を一時安置していた。

持って訪中したのは、1955年のメーデー代表団（団長：高野実事務局長）46名であった。1956年11月には総評の招待で中華全国総工会の代表団（団長：董昕総工会書記処書記）15名が来日する。そして、日本からは毎年北京メーデーへ参加するようになり、産別労働者交流、地域労働者交流も活発に行われるようになった。その後、帰国事業、遺骨送還運動は終了するが、この流れは日中国交回復運動となり、1972年の日中共同声明による日中国交正常化に結びつくのである。また、国交正常化という国家間の和解が成立したあと、1990年代から戦後補償裁判が起こってくる。民間における戦争責任の取り方と和解・友好が問われた。第1部「日中友好の黎明」は、この経過を記述した。

　第2部「日中労交の50年」は、日中労交結成以降の50年を振り返っている。中国においては、文化大革命、改革開放政策、天安門事件、和諧社会建設、一帯一路政策と変化をし、2021年に中国共産党創設100年を迎え、小康社会を実現し、社会主義現代化強国の建設に向けて躍進している。また、日本においては、日中平和友好条約の覇権条項をめぐる論争、技術協力、靖国問題、教科書問題、総評の解散、連合の結成、尖閣国有化などがあり、今ではGDPで中国に追い抜かれ、中国敵視政策の下で「台湾有事」が叫ばれるようになった。日中関係の歴史的変化のなかで、日中労交の中国との交流の内容も変化していく。この経過を第2部では時代を追って記述した。また、第9章「南京展開催などの取り組み」では、第2代事務局長であった平坂春雄（全港湾関西地方書記長）が主に関西で取り組んだ活動を紹介している。

　この50年で特筆すべきことは、1985年8月15日に日中労交の市川誠会長が南京紀念館に寄贈した「鎮魂の時計」に刻まれた「誓い」のことばである。そして、「誓い」を2009年12月13日に南京紀念館に碑として建立したことである。碑文を紹介する。

誓　い

　われわれは、1931年および1937年を契機とする日本軍国主義の中国侵略戦争を労働者人民の闘争によって阻止し得なかったことを深く反省し、南京大虐殺の犠牲者に対して心から謝罪するとともに、哀悼の意を表し、ご冥福を祈ります。

　われわれは、日中不再戦、反覇権の決意を堅持し、子々孫々、世々代々

にわたる両国労働者階級の友好発展を強化し、アジアと世界の平和を確立するため、団結して奮闘することをあらたに誓います。

公元1985年8月15日

抗日戦争及びファッショ戦争勝利40周年記念日

日中労働者交流協会会長市川誠ら有志の呼びかけによる

南京大虐殺犠牲者の慰霊行事に賛同する有志一同

1985年8月15日は、日本では中曽根康弘内閣総理大臣が初めて靖国神社を公式参拝した日である。中国にしてみれば、日本軍国主義の復活と捉えられる重大事件である。その日に日中労交の市川会長は、南京で南京紀念館の開館式に日本人として、日本労働者の代表として出席したのである。この歴史的事実の重みを忘れてはならない。南京に建てられた「誓いの碑」こそが、日中労交の現在の活動の基調となっている。日中労交は、「誓いの碑」の碑守として、2014年以降毎年、南京大屠殺死難者国家公祭に参列している。

現在の日中関係は国交正常化以来最悪の状況と言われている。中国を嫌う日本人は9割近くになり[17]、しかも敵対意識が強まっている。国交正常化当時、田中角栄総理は「一番の安全保障は隣の国と仲良くすることだ」と述べたと言われているが、核抑止論をかざして、敵対関係をあおる日本政府を見ていると、今は「戦争前夜」、一触即発の状況にあると言える。かつて、9.18事変も7.7事変も「中国が攻めてきた」と言って日本が侵略を開始したのだから。

日本と中国の平和友好関係を築くには、まず相手を尊重することであり、相手を理解し、信頼する関係をつくることでなければならない。まさに「杖るは信に如くは莫し」[18]である。

日本と中国は「一衣帯水」[19]の関係である。引っ越すことができない地理的関係にある。本書が日中友好運動の歴史を伝えるものとして、今後の日中友好関係を築くために役立つことを強く願うものである。

---

17) 内閣府「外交に関する世論調査」2024年1月19日によると、「中国に親しみを感じない」と答えた者は86.7％であり、2003年に「親しみを感じない」が「親しみを感じる」を上回ってから、上昇を続けている。

18) 「頼りにするものとしては信頼に勝るものはない」との意味。『春秋左氏伝』(紀元前565年)の言葉。1995年の村山富市首相の「戦後50年に際しての談話」(村山首相談話)の末尾に引用されている。

19) 両者の間に一筋の細い川ほどの狭い隔たりがあるだけで、きわめて近接しているたとえ。

第1部

日中友好の黎明

南京紀念館の展示室に掲げられた
「前事不忘、后事之師」

第1章
在華同胞帰国事業

1 帰国の呼びかけ

　1952年12月1日、中国紅十字会は中国に在留している日本人を日本に帰国させると発表した。この呼びかけに、日本側から日本赤十字社、日中友好協会、平和連絡会の3団体が対応することになった。3団体の代表が1953年1月に訪中することが決まり、総評は平和連絡会の一員として訪中する平垣美代司（日本教職員組合書記次長）に中華全国総工会にあてたメッセージを託した。その内容は「日本の労働者は、アジア経済の自立とアジアの平和の確保のためには、中国、インド、日本がその中核となって政治、経済において共同する以外に道は無いことを知っている。(中略) 我が総評は日本の労働者階級を代表して中華全国総工会の同志諸君と固く提携しアジアの悲惨な労働者生活を改善するために闘うことを願うものである」というものであった[20]。中華全国総工会もこのメッセージを大いに歓迎した。

　3団体と中国政府は1953年3月9日に「日本人居留民の帰国支援に関する合同コミュニケ」を発表し、在華同胞帰国事業、いわゆる「後期集団引揚げ」が始まった。中国に在留している日本人を迎えに行く帰国協力船として「興安丸」[21]が3月14日、広島市の宇品港を出港することになった。

興安丸船上の兼田富太郎、日赤の看護婦と

20)　山田陽一『日中労働組合交流史 60年の軌跡』平原社、2014年、p.18
21)　1935年、鉄道省の下関〜釜山連絡船として三菱長崎造船所で建造。船名は、満蒙国境に連なる興安嶺からきている。敗戦後、海外邦人の内地引揚げ、在日韓国人の帰国輸送などに就航したのち、朝鮮戦争では米軍に徴用され国連軍輸送に就航。1953年、再び帰国引揚げ船として活躍した。1970年広島県三原市で解体された。三原市に錨が残っている。

2 「興安丸」の乗船代表として

　のちに日中労交の初代事務局長となる兼田富太郎は、帰国協力船の第1船「興安丸」に乗り、帰国事業の中心的役割を果たした。兼田が1980年から1981年にかけて日中労交の機関誌『日中労働者交流』に3回に分けて寄稿した「日中友好運動の黎明」の全文を掲載したい[22]。

日中友好運動の黎明
在華同胞帰国協力船　興安丸の乗船代表として中国へ

兼田　富太郎

（1）

　1952年12月1日日本向け北京放送は、日本の各界に大きな反響をよんだ。それは、中国の政府関係者が、新華社の質問に答える形をとって、多くの在中国日本居留民の実情で、その帰国問題解決の道を示してくれたからである。

　戦時中、中国に渡った人は、おびただしい数にのぼっており、敗戦後、国際法の規定にしたがって、軍人、軍属も一般寄留民も、続々と引揚げていた。その引揚げの完了しない中途で、1946、1947年から、解放区に対する蒋介石軍の全面攻撃がはじまり、いわゆる「内戦」ぼっ発のため、引揚げは中断し、在留邦人は帰国の方途を失い、そのまま中国に残留した。日本政府の発表は、10万とも7万とかで、その数もはっきりせず、根拠も薄弱であった。

　1949年、中国の国内は統一され中華人民共和国が成立し、戦時状態は終了し、中華人民共和国の成立によって、在中国居留民の集団帰国の道は、ひらかれるはずであった。そこで、在華邦人の帰国問題は、日本で大きな社会問題となり、政府への陳情はたえず、国会でも大きな問題となっていた。「国際赤十字委員会を通じて折衝中であります」といった、あいまいな答弁を、日本政府当局はくり返すばかりであった。そこへ、この新華社の北京放送を通じてのこの問題に関する発表があった。その要点は次の通りである。

22）『日中労働者交流』45.46合併号1980.11.15、同48号1981.1.15、同49号1981.2.15

① 　現在中国政府が「在留している日本人数は３万人前後であり、中国政府の保護のもとに、その生活は安定しており、日本の留守家族へ送金しているほどだ」と述べ、

② 　在留日本人の帰国希望者は、援助して帰国させているが、船が足りなくて、集団帰国ができないでいる。この問題の解決のため、日本側の機関、または人民団体から人を派遣し、中国紅十字会（赤十字社）と具体的に協議して解決すればよい。

　この北京放送は、日本政府の中国敵視のために、ながい間、解決されないできた問題を、一挙に解決する道を示してくれたのであった。

　1950年に設立された「日中友好協会」は、創立以来、在華邦人留守家族の文通を仲介したり、瀋陽にあった在華邦人の新聞「民主新聞」と連絡して、相互の新聞に「尋ね人」欄を設けて知らせ合ったり、在華邦人ら留守家族への送金の世話をしたり、留守家族会を組織して日中友好をひろめたりしていた。そこで、北京放送を聞くと、すぐに、「日本各界各層と協力して、速やかにこの問題について、代表派遣その他の準備を進める」旨、中国紅十字会に打電した。まもなく、中国紅十字会から日本赤十字社と日中友好協会、平和連絡会（アジア太平洋地域平和会議の準備のためにつくられた会）の３団体から、代表を送るように連絡がきた。

　このようにして始まった在華邦人の帰国事業は、反中国の方針をとる日本政府のかたくなな態度によってなかなか交渉が進展しなかったのだが、1952年の12月1日の北京放送で前述したような中国の態度が明らかになり、日本赤十字社、日中友好協会、平和連絡会の３団体が13名の団員（団長：日本赤十字社／島津忠承）で、香港経由で北京へ交渉に発ったのが1953年1月26日で、北京に着いたのは1月31日だった。中国での交渉内容は島津氏の談話で紹介すると、

　――李徳全会長は病気で、廖承志さんが、中国紅十字会代表団長として交渉にあたるという通告があった。交渉の内容としては、まず費用の問題、帰国者が現住地から乗船地まで出てくる旅費については中国側で持ってほしいと頼んだ。あっさりと承知してもらった。乗船後は当然日本側の負担である。（中略）一番交渉のポイントとなったのは、帰国船を主宰する乗船代表の問題だった。中国側としては日本政府とはまだ国際法上は戦争状態の継続中であるから、日本政府の役人が乗って中国の港に入港するなどということは想像もできない、といって断った。このこと

を日本に連絡して政府に伝えると、日本政府は、閣議決定で、乗船者代表に政府職員を乗せることを決める、と言ってきかない。私は、乗船者代表には3団体代表が乗るべきだと決断し、これで3団体は一致した。日本政府には帰国してからよく説明して了解してもらうことにして、帰国問題の共同コミュニケに調印できた。——

こうして1953年3月14日朝まだき、帰国船興安丸第1船が広島の宇品港を出航することとなった。興安丸は平穏な玄界灘を一路、誕生間もない新しい社会主義の国、中華人民共和国、河北省、秦皇島へ向かい、3月18日早朝、秦皇島港外の錨地に着いた。

船内での1〜2エピソードを紹介すると、

船が黄海に入ってからスピードを落としたので私が船長に「どうしたのですか」と質問すると船長は「私はここは初めての航海なので何だか怖い、ボーンと撃ってくるような気がして……」というので、私は即座に「冗談じゃない、この帰国船は中国紅十字会とも了解済みで、秦皇島に向かっている。そのために私たち3人の乗船代表が乗り組んでいるのです。新中国の五星紅旗をメインマストに掲げて全速で航海して下さい」と言ったので安心してスピードをあげた。

またこういう話もあった。

——秦皇島が間近になった3月17日、船長が私に「中国で水を貰って頂けませんか」と言い出した。それは船内で、水が十分でないので帰国者を乗せて帰国する時に風呂に入れてあげたいんだが、時間給水しなければならない状況にある、という話であった。

私たちはすぐに中国側に無電を打つことにした「船内用水300トンの給水たのむ」という趣旨の無電である。

翌3月18日朝には中国から返電があった。「水のことは分かった。米と石炭はどうか」と言ってきたので、私は早速この電文を船長に見せて「水のことは了解してくれたし米や石炭のことまで心配していてくれているではないか」と社会主義の国を怖がる傾向にあっただろう船長を安心するようにという一幕もあった。

私はこの時からひとつの考えが頭をもたげるようになったと記憶している。それは「中国は日本と講和条約を締結しても賠償権を言い出さないのではないか」という考えだ。

3月18日午前7時30分頃秦皇島港外錨地に到着。普通外国船が入港する

には検疫、税関等の立ち入りを受けるがそのためにランチがやってきたのが午前8時前であったが、実に友好的な態度でテキパキと仕事を進めてくれて1時間ばかりで終わって、スローで秦皇島大桟橋に向かったのだ。ここでも検疫・関税の係官の態度からみて、私の例の推測が始まった。

　私は日中友好協会を代表する乗船代表であるから、当然と日中友好の精神で万事、中国を友好的に見るのは当然だが、ここでも中国政府、人民は決して日本人民を敵視していない、非常に友好的であるという印象をますます強めた。これが後に上陸して中国の好意に触れ、次第に「中華人民共和国は政府も人民も日本に対して友好的で、平和を望んでいる」という考えが強くなっていくのだった。

(2)

　このようにして3月18日午前7時30分頃私たち3人と数人の医師団、看護婦50名ほどを乗せた興安丸第1船は河北省、秦皇島錨地に着いた。

　さすがは初めての外国である。みんな緊張している。8時頃になって関税、検疫の係員を乗せたランチが本船の舷側につき所定の仕事をテキパキとやり、入港の所定の手続きを終えたのが午後11時過ぎだった。ここでも説明しておく必要があるのは、どこの国でも外国船が入港する場合、税関、検疫等の業務をするがその時間は昼間に限られている、夜間の入港は原則として許されないのに、中国側は税関、検疫、入港の諸手続きを11時過ぎまでやってくれ、玉有船長も「今夜は湾岸錨地で寝るのだと思っていた」と驚くほど親切だった。

　入港の諸検査、手続きを終えた夜半、船は秦皇島岸壁に向けてゆるやかにパイロット先導で航海を始めた。

　翌朝午前1時半に秦皇島第二号岸壁に興安丸は横着になった。

　ついに新中国への第一歩をしるしたという感が深かった。同時に私たち乗船代表の任務も重いと覚悟し緊張した。

　乗船代表は、私が日中友好協会、木崎君が平和連絡会、大熊君が日本赤十字社をそれぞれ代表していた。

　さて、夜半に船は埠頭に着いたがこれからどうすればよいのか、日本を出るとき聞いてもいないので私たちも船長以下も顔を見合わすばかり。誰も教えてくれないのだから無理もない。まして、日本軍国主義が侵略戦争を押しつけ暴虐の限りを働いていたと聞いていることでもあり、た

だ侵略戦争の反省がひしひしと迫るばかりであった。そのとき、埠頭事務所のマイクが大声で発声した。「興安丸の乗船代表の３名の先生がたは只今から上陸をお願いします」と明確な日本語で呼びかけられた。

そこで私たち３名の乗船代表はタラップを降ろさせて上陸した。そこには中国紅十字会秦皇島出張所秘書長の馬林先生という人がにこやかに出迎えていてくれた。馬林先生は日本語通訳を伴って丁寧なあいさつをされた後、私たちのために用意した立派な乗用車でジープが先導して宿舎に向かった。30分ほど至って宿舎についた、思わぬ厚遇にほっとした。しかしかなり緊張していたのだが馬林先生はその緊張をとり除くように「今夜はもう遅いし、貴方がたも疲れておられるからお菓子でも食べてここでおやすみになって下さい。打ち合わせは明朝いたしましょう」と言って、服務員の方がお茶とお菓子、果物を持ってきた。それをご馳走になりながら少し歓談して夜２時頃床についた。

床の中で広島宇品港を出帆するときの日本政府の係官や、旅券も呉れずに注射をしに来た医師の冷たい態度とここに来ての温かいもてなしとを比較してみた。

日本政府は、この在華同胞帰国事業を進めることにそう熱心ではなかったことがよく分かった。例えば私たち乗船代表に「米穀通帳を持参していますか」とか、船員や看護婦に「調査カード」を沢山渡して帰国者から「どこで働いていたか」「何人くらいの職場か」「何を製造していたか」などを聞き取るように手配をしていたこと等を思い出した。

もちろん私たちは、出帆の際、船長、医師団、全船員、全看護婦をロビーに集合させ私たちの立場を明らかにする演説をした。

「私たち３人の乗船代表は、それぞれ日中友好協会（兼田）、平和連絡会（木崎）、日本赤十字社（大熊）から選ばれたものです。

私たちの任務は、在華同胞を中国側から受け取り、無事に日本に連れて帰り日本政府に報告することでありますので、中国に着いたとき、帰国者を乗せて帰国する時は私たちの指導にしたがってください」と述べておいた。

私たちがこのように、乗船代表という任務、立場を説明しておく必要性を痛感したのは、当時の日本政府は、相変わらず中国敵視の態度を変えておらず、したがって在華同胞の帰国業務にも必ずしも熱心でなく、船側もまたこのことを十分に理解していなかったからであった。

果せるかな、看護婦たちは、政府の「調査カード」、新聞社から氷枕を何十個も預かっていて、帰国者が乗船したら「どこで、何人くらい、何を作る工場にいたか」等を記入しようとしていたし、氷枕は新聞社が「帰国者たちから聞いたことをメモしてこの氷枕に入れて海に投げ込んでくれれば舟で拾い上げる」という取材競争の一端であったので、むろんこれも全部取り上げた。これほど当時は、ナホトカからの帰国者らの騒動もあったし、日本政府はポツダム宣言受諾で敗戦を認めたとはいえ反中国的であったし、世論は湧いていたのである。

　翌朝8時爽やかな朝だった。トーストにバターとママレードにコーヒーという洋風の朝食を頂いていた頃、昨夜の馬林先生ら2人がやってきた。

　そして、「今日瀋陽から中国紅十字会の連絡部長がやってきて貴方がたと正式会談に入る」と伝えてくれた。ほどなくその連絡部長がこられ、次の点が明らかにされた。

　1．船に乗る帰国者は2008人である。

　2．帰国者は中国の東北地方から集結した。

　3．この帰国者と見送りの大勢の人たちの輸送と、瀋陽と秦皇島の招待所（収容所の意味だが収容所とは言わない）の収容力確保には秦皇島炭鉱労働組合の自発的な協力があった。

　炭鉱労働組合が中国紅十字会に協力するということで自分たちの家を空けてくれてそれぞれ親類、友人の家に移ってくれた、そういう話であったし、また帰国者たちが船を待つ2〜3日の食事、衛生、文化、スポーツにも気を配ってくれたことが説明されたが、そのことは2008人の帰国者たちから選ばれた幹部（20人ばかり）の部屋に案内されたときこの人たちの説明で一層よく分かった。

　長い戦争をした国として出来ることではないと本当に感激した。

　私たち3人の乗船代表が来ることは前もって知らされていたとみえて、部屋に入るなり幹部たちの眼が一斉に注がれ、一瞬電光のような同胞愛の気持ちが走って私は涙ぐんだ。

　そして私が代表として挨拶することになったが、「宇品港を出るとき日本政府の冷たい仕打ちをみると安心して居られない、生活条件を闘いとるために私たちとともに奮闘する覚悟でなければ」といった趣旨のことを話したらみんな涙をうかべてうなずいていた。

それから、私たち３人は中国紅十字会の人たちと帰国者幹部を全員で大勢のための炊き出し炊事をやっているところへ案内された。白米はその頃日本でもまだ十分に食べられずにいたのに、白米に中国料理で栄養に気をつけていてくれるのがよく分かった。

　それから秦皇島人民広場に案内された。

　ここはかなり広いところで１万人以上もの人たちが集まって、私たちの歓迎と帰国者と残留する人、中国の友人たちとのお別れの意味をもった屋外大集会であった。私はここでまた演壇に立つことになったので次のように述べたと記憶する。

　「私たち３名のものは最初に中華人民共和国政府、並びに中国紅十字会と秦皇島市民の皆さんに対して深甚な感謝と敬意をこめて今回の在華同胞の帰国業務の開始を喜ぶものであります。中国で日本軍国主義が惨虐の限りを働き膨大な犠牲と損失を与えたにもかかわらず中国は多くの在華同胞に対し温かい手をさし延べられ心から感謝にたえません」ということを冒頭で述べ、帰国者2008名の方々には"中国の温かい態度とは異なり"日本政府は非常に冷たい、困難して生活条件、即ち、「家と職業を闘い取らねばならない状況になるだろう」という趣旨のことを述べた。

　つまり、日本軍国主義の中国侵略政策がやがて第２次世界大戦に発展し、無惨な敗戦を迎えたのだが、その間日本軍閥は中国で「殺し尽くし」「奪い尽くし」「焼き尽くす」という三光作戦で、言葉に出せないような惨虐を働いたが、中国側はこれら日本人家族に対し、これほどの温かい態度で接してくれるのが、これは中華人民共和国という新しい政権が平和を如何に重要と考えているかということがよく分かるのである。これが私たちを感激させたからであった。

　さて送迎の大集会が終わってから大勢の人々が人民広場から興安丸の着いている第二岸壁まで、私たちを先頭に行進した。

　午後5時30分、乗船開始。

　舷側に３か所橋をかけて第１区から第９区まで順序に乗ったが病人妊産婦は最優先にした。

　桟橋側は私と木崎君と中国紅十字会の人、船内は船長以下船員の人と医師、看護婦が整列して、乗ってくる帰国者たちに"お帰りなさい。ご苦労様でした"と心を込めて言ったが桟橋側では、送ってきた中国の友人たちとの別れを惜しむ「謝々」「多謝」「再見」の低い声だが、なにか祈

るような大勢の声がずっと続いている。夜霧が降りてうす暗くなっても「多謝」「謝々」と別れを惜しむ声は止まない。帰国者のなかにはできるだけ荷物を持った人たちもいたが夜霧の降りた寒い桟橋の長蛇の列もようやく船内に吸い込まれた。

　午後7時30分、乗り込み完了！私が大きな声をかけた。大型貨物の積み込みも、給水150トンも終わった。

　私たちも中国紅十字会の方々の厚い友情に感謝をこめてあいさつし乗り込んだ、出航準備完了である。

　船に乗った私は玉有船長に「船長今夜出航するには霧が深いようだなぁ」と言ったら船長も「無理せず明朝出帆にしましょう」と言ったのでこの夜秦皇島に１泊した。

　翌朝3月20日8時10分"蛍の光"の曲のなかを興安丸はゆるやかに秦皇島第２号岸壁を離れた。晴天。入港の際出迎えてくれた沿岸警備隊艇「輔手」が先導してくれている。実に"至れり尽くせり"の接待ぶりである。私たちは桟橋の方をいつまでも眺めて、「中国よー、さよーなら」「紅十字会ありがとーッ」と口・口に叫んで手を振った。

(3)
　秦皇島港外でパイロットを下船させた興安丸は18ノットの快速で一路舞鶴へ。少々波が出てきた、この分では済州島を過ぎると荒れてくるのではなかろうか？

　船内では早速、私たち帰国者代表と船側とで「船内運営員会」設ける相談をまとめ、食事、医療、入浴其の他についての段取りや衆知かた等を相談し各班の担当を決めた。ニュースも出した、懇談会も度々やった。

　予想通り夜になって海は大いに荒れてきた。来るときの天気は晴朗、油凪と違い8000トンの巨体もローリング、タッピングをやり始めた。私は床に入っていたが船の揺れ具合から見て「これでは船酔いする者が出るぞ」と思い、医師団、看護師たちに、船内を見廻るよう、頼んだ。彼等も私に言われる前に船室を見廻っていた、多分船の揺れに気付いたのであろう。はや嘔吐する者も出始めた、看護婦も船酔いしたがよく世話していた。またこんななかで医師の佐伯君は「子どもが生まれそうだ」と報告をしてきて、てんやわんやの騒ぎとなり、この夜はそんな訳で最初の夜でもあるし、波も高いしで騒然とした夜でもあるしよく眠れなか

った。

　早朝になって「男児が生まれた」と報告があり、船長に名付け親になってもらった。船長は「敬」という名をつけた。これで興安丸での帰国者は2009名となった、と皆で喜び母親を激励した。

　船が鬱陵島東方を通過する頃、新聞社の繰り出したヘリコプターや小舟が本船に近づいてきて、船長は“非常に危険です”と言ってきた。

　これは、中国からの帰国第1船であるということで大ニュースであったから各社が取材競争で、何とかして舞鶴入港前に船から情報をとろうとしていたからだ。私たちは広島の宇品を出帆のときもこのすさまじいまでの取材競争を新聞記者から聞き、「危険な取材競争は本船の航行の邪魔にもなるし中止してもらいたい」「情報は随時船内無電で発表するから…」と言ったが、止められない様で船が日本に近づくにつれて本船の周りに近づく小舟やヘリは多くなるばかりだった。

　本土が近づくにつれて船内ラジオの放送が入ってくる。ニュースの時間には、この興安丸の航海位置を放送するのがよく聞き取れた。

　船内ではこの日「帰国者大会」が開かれて「声明」を出すことが決議されこれを無電で発表することになり、私たちもこの声明の起草に加わった、声明は次のように言う。

　「祖国のみなさん、私たち帰国者は間もなく懐かしい祖国日本の土を踏むことになります。私たちのために種々ご配慮下さっていることを感謝いたします。祖国が近づくにつれて私たちの喜びは大きくなりますが不安も同様に大きくなります。それは家と家族と職業のことです。このことは政府機関とも折衝してどうしても確保しなければならないと思っています。これが確保されなければ私たち帰国者はお先真っ暗です。どうかよろしくご協力下さるよう感謝をこめてお願いします」という趣旨の穏やかなものでした。事実帰国者のなかには多くの人が「どこを頼ったらよいのやら、自分の家もなければ、親類、縁者ともに便りはとだえていて……」と、暗然とする人もある状況であったから無理もない。そしてまた、私たちが「帰国者に対する日本国民の態度」といったものを帰国者たちに説明し、「概ね日本国民は温かい態度で迎えてくれると思うが、政府は決して温かくはない、むしろ前回のナホトカ帰国者が舞鶴港で「上陸拒否」などというのをやったので警戒的ではないかと思う」と言って帰国者たちの何ともいえず不安な様子をなだめるのだったが、そ

う簡単なものではなかった。もちろんそれらの話のなかには、戦時中の日本空襲の時や、東京、大阪ほかほとんどの都市が焼け野原になり（もちろん原爆投下の広島、長崎の話もした）多くの人が死亡、戦災に遭い、一家離散のむごい状況にあることも話して「帰国後、家や親戚もなく行くところのない人は、政府機関と交渉して、一旦寮か宿泊所に落ちついて、そこを拠点として、其の後の段取りをやろう。私たちも帰国後も協力する」といって激励するほどだった。「こんどの戦争では外地に居た皆さんも大変苦労されたと思うが内地に居た一般国民、おんな子供に至るまで命があれば幸運の方で多くの人が爆撃で死んでいった、私自身も弟を戦場で親戚の子を原爆で失ったのです」と話して帰国後も生活は苦しい、ということを覚悟するように話した。だが、日本国民が敗戦で打ちひしがれているなかでも、民主政党や労働組合の立ち上がりもあり、私自身も日中友好協会の役員であると同時に全日本港湾労働組合の委員長でもあるから微力だが協力できることなど、船内座談会ではいろんな「積もる話」が多く出た。

さてこの船内声明を出してからしばらくしてNHKのニュースの時間となったので大ぜいで聴き耳を立てた。船内ラジオは明瞭に聞き取れた。曰く

「ただいま帰国航行中の興安丸第１船から声明が発せられました」と二回言って、その内容を読み上げ、その後ニュース解説として、

「この声明のなかで、『家と家族と職業のことが保障されなければお先真っ暗です』と述べている点はよく分かるし、まさにその通りだと思います。これから第２船、第３船と帰国船は続くと思いますが政府も国民もこれらの帰国者に温かい手を差し伸べるべきではないでしょうか……」といった趣旨のことを言っているのがよく聞き取れた。

船は次第に舞鶴港に近づく。

3月22日夕刻舞鶴港が近づいてきた。いよいよ祖国が見える。帰国者たちは右舷の方ばかりに集まる。今夜一夜を船で過ごせば明朝は舞鶴入港だ。帰国者たちが異国の地で夢に描いた懐かしい祖国だ、と私たちは帰国者たちの感懐を想ってみた。そしてまた、舞鶴にいる日本の引揚援護局の役人たちが冷たい扱いをせねばよいが、と私は心配したりしてこの夜も十分に寝れなかった。

翌23日早朝、眠たい眼をこすりながら起きて船がスローで舞鶴港に入

港するのを知った。

　検疫、税関が終わって抜錨して東舞鶴港へ進んでゆく。ランチで私たち3人と帰国者代表とが、引揚援護局と交渉するため先ず上陸、受け入れについての段取りを交渉したが少なくとも誠意らしきものは見られなかった。

　みんなが不満な気持ちでいったん本船に帰りその報告をし"腹を固めて上陸するように"ということを伝えて午後1時頃から何班かに分かれて上陸開始。私たち3名は船長以下船員や医師、看護婦に「ほんとうによくやってくれて有難う」の挨拶を残して最後のランチで上陸した。

　上陸してみると、帰国者たちが居るところへ行くと、出迎えにはるばる遠くからやって来た家族を遠ざけて近づかさないのである。別々の倉庫のような家に入れているのであった。

　私たちは援護局のこの冷たい扱いを憤って「帰国者や家族の気持ちになってみろ、どれだけ一刻も早く会いたいかッ」と怒鳴りつけた。

　しかし何の目的があったのか、どうしても出迎えの家族、縁者と帰国者を同じ場所で会わせようとせず、別々の棟の倉庫のような建物に入れていたので、私たちは怒った。出帆の際の宇品港でのこともあり、いままたこれかといった具合である。また2〜3日前に中国でのあの親身な態度に接したばかりであるからなおさらである。私たちは大げさになるになるけれど犠牲を覚悟で、この出迎えの人たちに呼びかけた。

　「みなさんご苦労様です。私たちは中国まで出迎えに行った、乗船代表です、一刻も早く会いたいと思っている皆さんと帰国者を、ここの役人たちは何の目的でこうした別々のところで待たせるんでしょうか。私たちは我慢ができませんので私たちの責任で皆さんを帰国者たちの居るところへ案内します、私たちについてきて下さい」と先頭に立った。そしたら待ち兼ねたように、ワァと縄をくぐったり飛び越えたりして大勢の人たちが私たちに続いた。そして、帰国者たちの居る棟に押し寄せて、一斉に自分の探し求める帰国者のところへ飛んでいく人、懸命になって探し求める帰国者を見付けようとする人、しばらくは必至の状況だったが、なかには自分の探し求める帰国者が見付からず、帰国者に話しかけて様子を聞く人、最後にはしょんぼりと立ち尽くす人が帰国者のなかにも、出迎者のなかにも次第にはっきりとしてくるのだった。これらの人々の姿は気の毒そのもので同情せずには居られなかった。雨のそば降る舞

鶴港で、会いたい帰国者には会えず、何処をあてに出発してよいか判断するすべもなく、ただ立ち尽くすばかりの人々の世話を一人ひとり聞いて相談に乗ったり「第2船、第3船と続くのですから…」と気休めを言ってこの日は1日中かかった。

この頃は何回目かの衆議院議員選挙も告示されており、社会党をはじめとする野党もかなり立候補して選挙戦を闘っていて平和の貴重さが論じられ乗船代表だった人も帰国直後立候補して当選したくらいだったから、この帰国問題や当時政府のこの問題に対する態度の冷たさが批判もされたし、私自身も帰国すぐ、北海道に飛んで立候補者の応援演説に出て中国の在華同胞に対する誠実な態度やいささかの中国事情について述べたほどである。

こうした事情であったからか、世論も新聞もラジオもこの帰国問題に関する限り好意的であったし三大新聞でも何回もトップ記事にしていた。しかし日本政府、引揚援護局の当局者や役人たちは前にも述べたように決して好意的と言えるものではなかった。いまにして思えば、"何故だろう"と不思議でならない。

日本政府指導者には、1972年の日中共同声明で中国が戦争賠償の請求権を放棄してくれたことや、それが基礎となってこんにちの「日中平和友好条約」が締結され深い日中交渉が初まっているが、こうした国際政治の流れを見透かすことができなかったのであろうか。とても不思議でならないのである。凡そ指導者というほどの人は、然るべき見識も大事であろうがそれにも増して先見性をもつことがより大切ではなかろうか。いまにして思えば日本はずいぶんと無駄な廻り道をしたことにはならないだろうか。

興安丸、白山丸、其他2、3隻の船は、この帰国船を皮切りに其の後何回（多分8回くらい）となく中国と日本の間をゆききし、何万人かの帰国者を迎え入れることに成功したわけであるが、この当時の日中両国の関係は、国交が回復されていないばかりか、吉田内閣が結んだサンフランシスコ条約と台湾との「日華平和条約」に対し、周総理声明として「対日講和条約と日華条約否認の声明」が出された時期でもあった。そのため、すべて前述した3団体が日本政府に代わって中国紅十字会との間で話し合って乗船代表をそれぞれ乗せてこの在華同胞の帰国業務を完了したのである。これらの乗船代表として苦労をした人はもとより、其の

後、日中友好に心血をそそいだ「古い友人」たちのことを思い起こしてみると、LT貿易の高碕達之助、松村謙三、松本治一郎、中島健蔵、浅沼稲次郎、風見章、成田知巳、高野実等の故人となった人々があり、現在活躍中の「古い友人」も数多い。

　中国の周恩来総理の名言に「水を呑むときは、井戸を掘った人を忘れない」というのがあるが、これは政府の冷たい態度に抗して、日中友好を闘った人々のことをいうのであろう。

　この稿を終えるにあたって、創建3年少しの中華人民共和国政府が、"抗米援朝"の戦争支援を経て苦難な国家建設の途上にありながら在華同胞に対しこのような厚い友情を基本とされたことと、この事業の当事者であった「中国紅十字会」と、河北省、秦皇島市民と家を空けて宿舎を提供してくれた炭鉱労働組合の皆さんに心からの尊敬と感謝をこめてご挨拶を述べておきたい。

　以上で連載の全文は終わる。日本政府の妨害を跳ね除けて、当時中国に残された人々を日本に連れて帰るという任務を懸命に果たしていた様子が目に浮かぶように書かれている。

　以下、帰国事業について少し解説を加えていきたい。

3 帰国事業の経過

(1) 日本の中国侵略

　中国からの引揚げについては、そもそもなぜ中国に日本人がいたのかということの解明から始めなければならない。後発資本主義国としてあった日本は、国内における様々な矛盾の解決の一つの方策として大陸に目を向けていた。昭和の初めに流行していた「馬賊の歌」に「俺も行くから君も行け　狭い日本にゃ住み飽いた　海のかなたにゃ支那がある　支那にゃ四億の民が待つ」という歌詞がある。様々な人たちが、職を求め、また憧れとロマンをもって大陸に渡った。とりわけ、1929年の世界恐慌以降、大打撃をうけた日本経済の立て直しのために、1931年9月18日に「満洲事変」を起こした関東軍は瞬く間に満洲全域を占領して、翌年3月1日には清朝の皇帝だった溥儀を担ぎ出して傀儡国「満洲国」を建国した。日本国内での強固な地主制を基盤とする農村社会の矛盾が深刻化するなかで、社会的矛盾は満洲に向かうこと

によって解決されるかのような風潮が生み出された。この頃「満洲は日本の生命線」と言われている。また、満洲農業移民である「満蒙開拓団」の国家的送り出しも行われた。こうした日本人の意識と国家政策が、中国侵略を後押しした。日中労交の機関誌に連載された「日中友好運動の黎明」のなかで繰り返し語られている「中国で日本軍国主義が惨虐の限りを働き膨大な犠牲と損失を与えた」というように中国侵略は行われた。

　大本営は、ソ連の参戦を予想して1944年9月には、満洲東南部と朝鮮北部を確保する作戦計画を立て、翌年5月には在満洲邦人17歳〜45歳までの男性を対象に「根こそぎ召集」が行われ、15万人の現地招集者を含む70万の軍人・軍属が対ソ前線に送り出された。1945年8月9日未明のソ連軍（約174万人と圧倒的な重火器）の参戦と攻撃開始に対峙した。そして、女性と子どもを中心とした人々は逃げ惑う逃避行の開始を余儀なくされた。

（2）前期集団引揚げ

　1945年の敗戦当時、海外にいた日本人は、軍人・軍属約310万人、民間人320万人、合わせて630万人と推定されている。そのうち中国にいた日本人の正確な人数は不明であるが約155万人（開拓民約27万人を含む）だったと推定される[23]。日本政府は1945年8月14日、中国にいる人々に対する政策「寄留民（中国にいる人々のこと）は当分その地に留まる」とする「棄民政策」を立てた。日本人は逃避行のなかでの集団「自決」や中国人遊撃隊などやソ連軍の攻撃などによって命を落としていった。また、ソ連によってシベリアに抑留された人もいた。さらに冬を迎えても帰国することができない人々は、飢えや病気で命を失い、我が子を中国人に託す人や、中国人と結婚することで生活の立て直しをせざるを得ない人々もいた。

　1946年3月にソ連軍が撤退すると、蒋介石を中心とする国民革命軍（国府軍）が進駐した地域では4月下旬から引揚げが開始され、5月中旬には米軍が支援して集団引揚げが開始された。しかし、毛沢東を中心とする中国人民解放軍（中共軍）が支配していた北満地域での引揚げは、米軍の調停によって国府軍・中共軍間に日本人引揚げに関する協定が成立し、8月になってようやく集団引揚げが実施された。この時期に行われた帰国事業は「前期集団引揚げ」と呼ばれている。しかし、この集団引揚げは同年10月下旬には「完了」してしまった。

23）　加藤聖文『満蒙開拓団』岩波現代全書、2017年、p.218

(3) 後期集団引揚げ

　次に1953年3月から始まった在中国日本人の「後期集団引揚げ」について明らかにしていきたい。「後期集団引揚げ」とは、1953年から1958年まで行われた中国に取り残されていた日本人の集団引揚げ事業である。

　都市に集団で居住していた日本人とは異なり、満洲各地に難民化してバラバラに残留している開拓民や逃避行の過程で生きるために現地民と結婚した女性や現地民に引き取られた子どもたちなどは、引き揚げる機会を逸し、留まらざるを得なかった。また、国府軍や中共軍に留用された人々も約8万人いたと推測されている。

　国共内戦の末、1949年中華人民共和国が建国されたが、1950年から開始された朝鮮戦争などの影響で帰国の再開に向けた動きは途絶えたままだった。しかし、1952年には民間経済交流が行われるようになり、1953年3月に「日本人居留民の帰国支援に関する合同コミュニケ」が中国紅十字会と日本赤十字社などとで締結され、帰国事業が再開された。

　『資料　中国人強制連行』(明石書店) によれば、「1953年3月中に第一次として4隻が就航し、4937名が帰国、4月中に第二次として4隻4904名が帰国し…5月中に4隻が就航し4709名が帰国した」とある。この帰国した人たちは、日本での生活において困難を抱えて、日本国内において開拓民としての生活を送ることになった人も数多くいた。

　また、帰国事業について実績の点検と今後の方針を話し合うために1954年李徳全中国紅十字会会長らが来日した。この際、李会長は中国に戦犯として拘留されている人の名簿を持参した。これら戦犯を帰国させるために1956年6月28日に日本側帰国3団体と中国紅十字会は「天津コミュニケ」を調印した。この内容は「起訴免除した日本人戦争犯罪人335名と遺骨7体…帰国、中国にいる中国人と結婚している日本婦人の里帰りの援助」等であった。7月、8月、9月に釈放された日本人戦犯 (1017名) は、郷里に帰ってからすぐ身分保障の問題や就職、住居などの困難な問題を抱えた。そして、日本の各地で中国から連行された中国人が過酷な労働によって死亡し、その亡骸が山中などに遺棄されていた遺骨の掘り起こしと送還事業にも積極的にかかわった。そして、1957年9月「反戦平和、日中友好」を趣旨とする「中国帰国者連絡会 (中帰連)」を結成した。会員の高齢化により会は2002年に解散したが、彼らの活動と日中友好の史実を伝えるために、「撫順の奇蹟を受け継ぐ会」が結

成され、埼玉県川越市に「中帰連平和記念館」が建てられた。

　この「後期集団引揚げ」は1958年まで続けられ約３万人が帰国した。帰国希望者が少なくなったことに加え、同年５月２日、「長崎国旗事件」が起こる。長崎のデパートで中国商品展示会が開かれていたが、会場に飾られていた中華人民共和国国旗（五星紅旗）を右翼青年が引き下ろした事件である。岸信介内閣は、「五星紅旗」を国旗として認めない立場から、外国国旗損壊を定めた刑法92条を適用せず、器物損壊罪を適用して犯人をすぐ釈放した。この事件の対応をめぐって、岸内閣と中華人民共和国政府の対立が深まり、中国側は「日本との文化・経済の交流をすべて断絶する」と宣言した。後期集団引揚げは中断され、結果的に終了した。

　この後期集団引揚げは、中国人配偶者や中国で出生した子どもの帰国は認められないなどの厳しい条件があったため、敗戦後の混乱期のなかで養育してもらった恩義がある、既に家庭を築いているなどの理由から帰国を断念した人々が多かった。59年３月岸内閣は「未帰還者に関する特別処置法」を成立させ、中国からの未帰還者もこの法律によって「死亡宣告」が可能となり、戸籍からの抹消が行われた。

　このように中国に残された日本人をまさに棄民にしていく政策と中国敵視政策を自民党内閣は行っていた。こうした中で、後期集団引揚げも困難を乗り越えながら進められた。

(4) 日中国交回復以降の帰国事業

　1972年日中国交回復によって、ようやく残留日本人の存在が再び公式に明らかになったが、当初の肉親捜しは民間人の手にゆだねられた。1981年３月になって厚生省による「残留孤児」の肉親捜しが始まった。だが「残留孤児」とされたのは敗戦時13歳以下の者とされたため、13歳以上の残留婦人は「親族が引き受けない限り帰国できない」などの制約があった。その後1991年には身元引受人がいない孤児や残留婦人も「特別身元引受人制度」が作られ帰国できるようになった。しかし、この制度によっても帰国できる人が限られていたため、1993年９月には残留婦人が成田空港で抗議の籠城行動が行われるという事件があった。翌年４月にようやく国会が「中国残留邦人支援法」を制定し、残留日本人の帰国と帰国後の援護は国の責務と位置づけられた。しかし、帰国後の生活支援は十分でなく、2001年帰国者による国家賠償請求訴訟が起こり、政治判断により国との和解が成立し、2007年に「中国残留邦

人支援法」が改正された。実に、敗戦後62年経って不十分ながらも国の責務として中国残留日本人とその親族の生活援護が行われるようになった。引揚げ船のなかで語られ、誰もが心配していた「住む家と働く所、そして生活援護」は少しずつ前に進んだ。しかし、中国国内にはまだ残留日本人は残っており、また中国の地で亡くなった人の遺骨は埋もれたままである。

　日本が、中国侵略を行い、日本人を煽るように中国へ移住させ、敗戦後は帰国させるに際しても様々な制約をつけていたこの歴史のなかで、日中労交の創始者は、中国側の友好的対応に感謝し、日中友好を願い運動を続けてきた。この歴史を引き継ぐことは、私たちの責務である。

第2章
中国人俘虜殉難者遺骨送還運動

1 中国人俘虜殉難者慰霊実行委員会の発足

中国在留日本人の帰国問題について中国紅十字会と会談していた帰国3団体は、1953年2月24日の第3回正式会談の席上「日本側は、遺骨送還を行いたい」旨を伝えた。

また、2月17日には、帰国3団体を含め日本労働組合総評議会（総評）や日本仏教連合会、東京華僑総会などの民間14団体によって中国人俘虜殉難者慰霊実行委員会（委員長：大谷瑩潤）が設立された。この実行委員会結成に向けて、次の発起趣意書[24]がつくられた。

「中国人俘虜殉難者慰霊実行委員会」発起趣意書

かつて日本は、日華戦争において中国人民に対し多大の迷惑を及ぼして参りましたが、近来戦争の危機感に迫られるにつけ、われわれは軍国主義の引き起こした罪悪に対し、あらためて民族的責任を痛感すると共に、深きざんげ感をよびさまされるものであります。

特に戦時中、多数の中国人俘虜労働者が、日本内地の各地鉱山、工事場において労働に従事させられている間、聞くも惨たらしい多数の事件が発生しているのでありますが、秋田県の花岡事件（代表的な事件）犠牲者の如く、416名の遺骨が現に尚、無縁のまま放置されている事実を知るに至っては、今更の如く戦争の後始末について日本人の責任を痛感すると共に、これを放置することは人道上からも到底黙過し得ません。

誠心を尽くして各地の中国人殉難者の遺骨を可能な限り拾集し、これを篤く慰め、丁重に故山に送り届けることは、われわれ日本国民の当然なすべき責務であると信ずるものであります。「在華同胞帰国打ち合わせ代表団」も出発の際、花岡事件殉難者等の遺骨送還実現につき、政府当

24） 田中宏ほか『資料　中国人強制連行』明石書店、1987年、p.409

局に対し積極的な協力方を要請するところがあったことは、すでにご承知の事と存じます。

　われわれ国際諸団体は、ここに「中国人俘虜殉難者慰霊実行委員会」を発起し、人道、平和、友好の大精神に立脚し国民総施主の建前に立ち広く国民各界各層のご協賛を得て、在日華僑と共に、来る4月1日を期し浅草東本願寺において、代表的な事件たる花岡殉難者を中心として慰霊の大法要を執行し、続いて花岡その他の遺骨を中国に送り届ける事業を進めたい所存であります。

　願わくは、国民各界各層の人士におかれましては、われわれの発願の趣旨にご同心下され、この意義深き事業をして有終の美を発揮せしめるよう、積極的なご協力を賜らんことを切望する次第であります。

　　1953年2月

　　　　　　　　　　　　中国人俘虜殉難者慰霊実行委員会

　　発起人
　　日本赤十字社・日本平和連絡会・日本中国友好協会・日本労働組合総評議会・日本仏教連合会・日本宗教連盟・日中貿易促進会議・在華同胞帰国協力会・日本平和推進国民会議・日本国民救援会・海外戦没者慰霊実行委員会・棗寺・東京華僑総会・中国留日同学総会

　1953年3月16日の『慰霊祭実行委員会資料』第1号によれば、1953年1月までに、すでに各地で端初的に調査されていた事件は意外に多数にのぼっていた。秋田県下の鹿島組花岡出張所事件、同和鉱業小坂鉱山事件、三菱尾去沢鉱業所事件、長野県下の間組、鹿島組、飛島組関係の木曽谷事件、京都府下の日本冶金大江鉱業所事件、茨城県日本鉱業日立鉱業所事件、福島県熊谷組沼ノ倉発電所事件、群馬県間組岩本発電所事件、神奈川県熊谷組与瀬ダム事件、岐阜県熊谷組高山作業所事件、秋田県船川港事件、新潟県新潟港事件、石川県七尾港事件、東京都東京港事件、北海道内の三井、三菱大夕張、美唄、芦別等の諸鉱業所、北海道炭鉱汽船の平和鉱業所、住友炭鉱等の事件、九州では三井の三池、三菱の高島、貝島炭鉱の事件、山口県宇部鉱山事件、栃木県古河足尾銅山事件、愛媛県住友別子鉱山事件、岩手県日鉄鉱業所釜石鉱山事件とあり[25]、既に日本全国各地で遺骨の掘り起こしや体験談、目撃談の収集が行われた。総評傘下の労働組合、労働者もこの作業に参加していた。

25）　田中宏ほか『資料　中国人強制連行』明石書店、1987年、p.415

このなかでも長野県下の間組、鹿島組、飛島組関係の木曽谷事件は、労働組合による労働争議に際して自らの争議への追及と共に戦時中の中国人強制連行の事実を糾弾追及した事件である。その経過を産別会議機関紙『労働戦線』（1950年３月31日）は次のように伝えている。「『木曽節で知られた御岳山の麓、「夏でも寒い」とうたわれた山奥で、戦争末期1500名の中国人俘虜を使って日発（日本発送電KK）が木曽川水系御岳水力発電所の建設工事を行ったが、この工事に際して俘虜たちは言語に絶する虐待を受けたため死者が続出し、この世ながらの生き地獄を出現した。この責任者は当然戦争犯罪人として追及されなければならないが、関係者は敗戦と共に一切の証拠書類を焼却して、戦犯事実をひた隠しにかくして日発幹部として残留し、いま首切りの立役者となっているという事実が、電産木曽川分会によって摘発された。』準社員94人の首切り反対闘争のさなかに、会社側の戦中の悪事を明らかにし、

在日殉難烈士労工紀念館

同紀念館の展示

同じ権力に苦しめられた中国人労働者への連帯意識と侵略戦争への道義的政治的反省に基づきこのような闘いが行われていたのである」。

「中国人俘虜殉難者遺骨送還奉仕団」による遺骨送還は1953年7月から始まり、1958年に中断するが、1964年まで9次に渡り2744人分を送還した。強制連行され日本で亡くなった6723人の名簿と日本から送還された2316人分の遺骨は、天津市の在日殉難烈士労工紀念館に納められている。在日殉難烈士労工紀念館は、1955年6月につくられた。1971年に水上公園に移転、1975年には展示を含めた会館に改築された。2005年には天津市委員会が、北辰区鉄東路に新しく紀念館を建てた。1階は納骨堂、2階には展示場「東瀛血泪―日本における華人労務者」があり、資料収集・研究施設もある立派な建物である。2015年には前庭に花岡暴動紀念園がつくられた。

2 花岡事件

現在の秋田県大館市にあった鹿島組花岡出張所へは1944年8月8日から3回に分けて986人が中国から強制連行された。彼らのなかには、中国で捕虜となり、連行されてきた人もいた。1945年6月30日までに渡航中死亡7人も含め137人が死亡している。彼らは粗末な寮に寝泊まりし、わずかな食糧で重労働に従事するまさに奴隷的状態のなかで「座して死を待つより闘おう」と6月30日に蜂起し、一斉に逃亡して近くの山に立てこもった。しかし、町民も巻き込んだ山狩りが行われ拘束されてしまった。そして、飲まず食わずの状態で3日間共楽館（花岡鉱山の娯楽施設）の広場に晒され、共楽館内や警察署では取り調べや拷問が行われた。その結果、7月中に死亡した100人を含めて敗戦までに116人が死亡している。敗戦後も166人が死亡し、一斉蜂起前に死亡した137人と合わせて花岡では419人が死亡している。

鹿島組は、火葬が大変だからと死体は穴を掘って埋めていた。1945年10月6日アメリカ占領軍にこのことが発見され、掘り出し焼いた後400余りの木箱に詰めて信正寺に安置した。その後も散乱する遺骨が花岡市民や労働者の「ひと鍬運動」などによって掘り出された。遺骨が中国に送還されるまで安置されていた信正寺には、「華人死没者追善供養塔」がある。1949年に鹿島[26]はコンクリート製の粗末な供養塔を建てた。その後、鹿島は2000年の和解成立後、新しい供養塔を建てて古いものは撤去しようとしたが、生存者や遺族そして

---

26) 鹿島組は1947年に商号を鹿島建設株式会社に変更した。

花岡平和記念館
（花岡平和記念会提供）

「花岡蜂起・惨劇曼荼羅の図」（花岡平和記念会提供）

地元の支援者などが反対し、両方ともこの地に置かれている。

　毎年6月30日には大館市が主催する慰霊祭が十瀬野公園墓地にある「中国殉難烈士慰霊之碑」の前で開かれる。この慰霊碑には同和鉱山での死者10名も含めた429名が慰霊されている。また、2010年に「加害の地である大館の市民が、この事件を風化させることなく、この地に在住する人々が自ら積極的に平和を希求し、それを具現化する」[27]ため「花岡平和記念館」が建てられた。記念館には当時の資料や様子を伝える写真などが展示され、全国各地からの見学者や遺族の方が訪れ、交流と学習が行われている。

3 遺骨送還までの闘い

　このように、花岡をはじめ日本国内各地に散在している遺骨の掘り起こし

27）　NPO法人「花岡平和記念会」の設立目的より

が行われ、慰霊、そして送還のための闘いが開始された。

　1953年3月25日秋田県内の遺骨収納が秋田県知事、町長の協力で行われ、約550人分の遺骨の現地慰霊祭が執り行われた。遺骨は東京に移された。4月1日浅草の東本願寺において中国人俘虜殉難者慰霊実行委員会は慰霊祭を行った。しかし、日本政府は遺骨送還に何ら誠意を示さなかった。慰霊実行委員会は、4月21日「帰国3団体の帰国船を利用して送還したい。（中略）送還に当たっては委員会より、15名ないし20名の捧持団を訪中させたく、その際は旅券を交付されたい」と外務省に申し入れた。また、5月29日には、国会への請願も行われた。しかし、政府は誠意ある対応をせず6月20日の回答は「遺骨送還を『日赤の裁量』をもって行い、帰国華僑の一人当たりの荷物を50キロとし、遺骨を荷物として『帰国華僑に持たせる』団員の旅券出入国事務、費用などは行わない」という無責任なものであった。6月に出船予定だった第4次高砂丸は、帰国3団体がこのような政府のやり方に対し抗議の乗船拒否を行った。こうしたなかで6月22日、岡崎勝男外務大臣と実行委員会との会談で外相は「興安丸により遺骨を送還することは、国府側が拒否しているので、別途赤十字船を仕立てて送ることとしたい」と回答した。遺骨送還の第1船は480トンの東京—八丈島間の定期船「黒潮丸」を使用することとなり、7月2日黒潮丸が神戸港を出港した。第1次遺骨捧持団は、日本人10人、朝鮮人1人、華僑7人だった。総評を代表して柳本美雄が参加した[28]。船は「荒海では木の葉の様、料理物の鍋が飛ぶという状況、乗船組員には妻子持ちは断った」、「濃霧の最中に船長から『この辺に灯台はありませんか』と言われた」というありさまだった。無事に中国に着くことを祈りながら乗船していたのである。7月7日に塘沽波止場に到着し、7月8日天津において各界代表者2000名が参列して「日本において犠牲になった抗日烈士追悼大会」が行われた。捧持団は7月14日任務を果たして門司港に帰着した。

　第2次送還は8月26日舞鶴港から赤十字船「興安丸」で行われ、捧持された遺骨は、北海道、新潟、神奈川県下の615人分だった。以降53年10月29日、54年11月16日、55年12月6日、56年8月22日、57年5月11日、58年4月10日と第8次にわたり行われ、第2次以降は在中国日本人帰国船の日赤船が活用された。送還された遺骨は2744人分となっている。そして、この遺骨送還のために日本各地で遺骨の掘り起こし等や慰霊祭が行われ、慰霊碑の建立が行われている。

28）　日本中国友好協会（正統）中央本部編『日中友好運動史』青年出版社、1975年、p.81

4 全港湾新潟支部における遺骨送還運動

　1953年8月26日に行われた第2次送還について『全港湾新潟運動史』が触れているので、その概略を記載して、当時の労働者の中国人労働者の遺骨掘り起こしと中国への送還運動の一端を記載していきたい[29]。(「　」内はすべて同書よりの引用)

　鉱山などに中国人が強制連行されて働かされていたことはよく知られているが、港での労働にも従事していた。『全港湾運動史』[30]によれば、港運関係では6099人が連行された。他の事業所からの編入も合わせれば1万129人が25の事業所に配属され、1173人が死亡している。

　新潟港については、「1944年暮から日本国内唯一の石炭移入港であった新潟港は壮年男子の出征で荷役能力低下を来たし、約950名の中国人俘虜あるいは強制連行者が荷役に従事させられた」とある。そして、「過酷な労働と劣悪な食糧事情により栄養失調症や肺炎など」で160人[31]が死亡した。氏名が判明したものは144名であった。

　1953年5月、中央での遺骨送還運動に呼応して「日中友好協会新潟支部を中心に新潟地区中国人俘虜殉難者慰霊実行委員会が結成され、最も身近な職場であった全港湾新潟支部は委員長大桃十三雄を世話人に送った」。

　この結成された実行委員会の日中友好協会新潟支部の調査によれば、新潟で労役に従事していた人々は「『勤奉隊』と呼ばれ（中略）石炭その他の荷役に従事していたが、常に棍棒を持っている日本人通訳又は監督に監視されていた。多くの人々は裸足又は破れたゴム靴を履き、緑－土褐色の汚れた上着を縄で縛りつけていた。一般の日本人労働者又は学生勤労奉仕隊とは接触はなかったようである。食事、待遇は劣悪を極めたが（中略）144名の死亡者中50名が栄養失調症で死亡している点からもうかがわれる」。この氏名が判明している死亡者144名のうち死亡原因がわかっているのは、同協会が新潟市役所衛生課に保管されていた44年7月～45年10月までの火葬した中国人死者の死亡診断書を閲覧できたからである。これによれば、多くは山東省・河南省の出身者であり、死因は「肺炎兼その他55名、栄養失調症兼その他50名、結核

29）　『全港湾新潟運動史』1985年、p.145～150

30）　『全港湾運動史 第1巻』1972年、p.43

31）　田中宏ほか『資料　中国人強制連行』明石書店、1987年、p.242によれば155人

9名、腸炎10名、自殺・爆死5名、その他10名」となっている。遺骨については、調査の結果、火葬されたのち浜浦の共同墓地に葬られていた。その場所は、雑草が生い茂り、その中に華工管理事務所署名の「華工倶会一処」という標木の下に大型の甕に入れられて埋蔵されていた。「それを発掘し（中略）53年6月19日（中略）勝楽寺に於いて慰霊実行委員会の手によって慰霊大法要を執行し、同日夜行で10名の関係者に奉持されて東京築地本願寺に送られた」、「第2次中国人殉難烈士遺骨奉持団（中略）に大桃支部委員長と日中友好協会新潟支部事務局長の伊藤正三とが代表に選ばれ（中略）困難な乗船闘争に参加して、帰国船「興安丸」の船員として乗船証明書を獲得した。8月26日舞鶴支部の全港湾組合旗を掲げての盛大な歓送陣に送られて舞鶴港を出港した。30日大沽港外碇泊、31日下船、天津北京と4泊5日の日程で紅十字総会の李徳全主席及び廖承志顧問の温かい歓迎をうけ、新生中国のたくましい建設の息吹に接して無事任務を終了し、9月8日午前9時全港湾門司支部の海上からの歓迎をうけ、下関に上陸し、10日午前6時帰港した」。

　なお、付記として「新潟港における中国人や連合軍俘虜の監視の役を命ぜられた組合員（氏名略）6名は、海陸運送取締役（氏名略）とともに俘虜虐待の罪で軍事裁判にかけられ夫々重労働の刑を受け、巣鴨収容所に収容された。組合は社命に従って勤務についた故をもって刑に服さざるを得なくなった組合員の身分保証と留守家族対策並びに受刑者慰問などについて会社に要求し、不充分乍らも留守宅を守り職場復帰を実現させた」という記述がある。

5　中国代表団の訪日と帰国船・遺骨送還の中断

　中国からの日本人の帰国、中国への殉難労働者の遺骨送還運動などによって、日中双方の友好運動は、労働者・市民の間で高まっていった。こうしたなかで1956年7月14日「中国訪問労働組合代表懇話会」が全港湾の兼田富太郎ら20名の労働組合代表者が世話人となって行われ、ここで労働組合全体が遺骨送還を積極的に援助することが訴えられた。また、1957年には日本政府の様々な妨害を跳ね除けて李徳全会長を団長とする「中国紅十字会代表団来日」が12月6日羽田着、1958年1月9日ソビエト船で帰国という日程で行われた。代表団13名は、12月7日東京の永平寺別院における大法要会に参加したのち北海道、秋田、岐阜、大阪、兵庫、岡山、福岡、茨城で開催された慰霊祭に参列した。まだ、日中国交回復が行われていないなかであっても、人々

は中国代表団を歓迎した。

　日本政府が自国の鉱山やダム建設等のために中国から連行したにもかかわらず、政府は遺骨の送還にさえ、冷たい態度をとった。また、1957年第7次の送還準備を行っている時には、政府は「政府の責任で行う送還は実行委員会の解散が条件である」（岸信介首相兼外相）と言い出したが、実行委員会はこれを拒否した。

　また、1958年2月8日、北海道当別町の山中にいた劉連仁が発見された。彼は1944年9月頃33歳の時に中国山東省において畑仕事中日本軍に拉致されて、北海道の明治鉱山で働かされていたが、虐待と飢えに耐えかねて1945年7月に脱走し、北海道の山中を逃げ回っていたと証言している。日本政府は彼を援助しないばかりか、逆に不法入国者、不法滞在者として扱った。これに対して彼は「自分が日本に来たいきさつは岸首相に聞け」と答え、日本政府に賠償請求を行った。これに対して岸首相は「当時の事情を明らかにするような資料もなく現在としては確かめる方法がない」と自分が戦中中国で行ってきた悪行を覆い隠し、愛知揆一官房長官は「日本に入国され、明治鉱業所に入られて以来いろいろ苦労されたことと存じます」なる手紙と「金一封」を渡そうとした。こうした日本政府の対応に対して怒りながらも彼は「一切の請求権は、将来中華人民共和国政府を通じて行使する」という声明を発して1958年4月11日「白山丸」で帰国した。

　1958年に在中国日本人帰国船が中断されると、遺骨送還事業も7月25日中央慰霊実行委員会総会において「遺骨送還事業の完遂を誓い」ながらも、結果として第8次の送還船が最後になってしまった。その後、中国人俘虜殉難者慰霊実行委員会は「一鍬奉仕運動と大衆カンパ」を呼びかけた。花岡では1963年6月5〜13日、全国から約500人が参加して再発掘が行われた。再発掘された遺骨は、1964年11月第9次送還として空路で送還された。

　こうした歴史を振り返ると、日本政府は一貫して自らが行った戦争犯罪を認めなかった。岸首相の弁明などは、関東大震災時の朝鮮人・中国人等の虐殺事件についての岸田政権の政府答弁である「事実関係を把握できる記録は見当たらない」と瓜二つである。一方日本の民衆や労働組合、そして大館市のように事件があった自治体[32]では、中国人強制連行の歴史と向き合い、慰霊を続けている。私たちは、こうした事実を後世に引き継いでいかなければならない。

32）　花岡事件が起きた花岡町は、1955年に矢立村と合併して花矢町となり、1967年に大館市に編入された。

第3章
日中国交回復運動と日中共同声明

1 日中国交回復運動

　1958年5月の「長崎国旗事件」[33]によって、在中国日本人帰国船が中断され、遺骨送還事業も結果として第8次の送還船が最後になってしまい、それ以降、公式的な日中を結ぶルートはほぼ途絶えてしまった。

　1959年3月、日本社会党書記長の浅沼稲次郎が「アメリカ帝国主義は日中共同の敵」と北京で演説し、日米安保条約に反対する立場を鮮明にした。これ以降、日本側は日米安保条約をめぐる60年安保闘争、ベトナム反戦運動、学生運動、70年安保闘争と様々な国内運動が展開されていった。日中友好運動としては、1960年5月初めて日本囲碁代表団を訪中派遣、1964年4月日中国交回復3000万署名運動が開始されるなどの動きはあったが、それ以外に目立った動きはなかった。なお、1964年の東京オリンピックでは、中華人民共和国は中華民国（台湾）の参加に抗議してボイコットしている。

　中ソ論争、中国の核実験、プロレタリア文化大革命などは、日本の大衆運動、とりわけ原水爆禁止運動の分裂（1962年）、日中友好協会の分裂（1966年）をもたらした。総評と中華全国総工会の関係も1967年から途絶えてしまった。中華全国総工会は事実上機能停止していた。中国側は中日友好協会を窓口に日本の労働組合との交流を続けていた。

　1970年8月9～13日に開かれた総評第40回大会では、「日中国交回復、中国の国連での正当な地位の回復、日台条約の廃棄」の要求を決定し、日中国交回復運動を積極的に進めるとともに1日も早く労働組合交流ができるように最大限の努力を傾注することを決定した。この大会で新たに議長に市川誠、事務局長に大木正吾を選出した。15年間にわたり事務局長を務めてきた岩井章が退任したが、岩井は総評第40回大会の決定にもとづき「日中労働者交流を再開したい」と周恩来総理にあてた親書を書き、佐々木更三社会党委員長の訪中団に加わった臼井亨国労副委員長に親書を託したのである。親書の返

33）　33ページ参照

事は、10月に黒田寿男社会党衆議院議員に同行して訪中した兼田富太郎に伝えられ、「今後の日中労働者交流の窓口を中国側は中日友好協会、日本側は兼田富太郎にする」ことが確認された[34]。

1971年2月、総評は社会党などとともに「日中国交回復国民会議」を結成した。代表委員は、市川誠（総評議長）、大内兵衛（東京大学名誉教授）、成田知巳（社会党委員長）らであり、事務局長に岩井章（総評顧問）が就任した。総評顧問となった岩井を団長とする総評訪中団11名が中日友好協会の招待を受けて1971年6月29日〜7月18日、中国を訪問した。兼田富太郎は総評副議長として副団長を務めた。岩井訪中団は、周恩来総理ら要人と会見し、今後の交流について話し合い、総評、中立労連の合同訪中団の派遣を確認した。1972年1月13〜28日、市川誠総評議長を団長、阿部万亀四郎中立労連議長を副団長とする13名の総評・中立労連合同のハイレベル代表団が中国を訪れた。代表団は中日友好協会と3回にわたって会談し、周恩来総理とも会見している。市川・阿部訪中団は、青年代表団を訪中させることを中日友好協会と確認した。

日中国交正常化が図られたあとの1973年3月、総評の招きで魏乗奎団長の中国労働者代表団が来日し、総評と相互交流を行う協定を結んだ。協定にもとづき総評・中連訪中団が3次にわたって派遣されたが、中国側からの訪日

周恩来総理と握手する兼田富太郎

34) 山田陽一『日中労働組合交流史 60年の軌跡』平原社、2014年、p.71

団は訪れなかった。その後中日友好協会の招きで1974年7月に兼田富太郎総評副議長を団長に総評・中連訪中団15名が訪中した。このように、日中の労働者交流が再開されていく。

　また一方で、米中関係の改善も進んでいた。1971年7月2日、キッシンジャー米国務長官が極秘裏に中国を訪問した。7月15日にはニクソン大統領が「1972年上半期に中国を訪問する」と発表した。1971年10月25日、国連における中華人民共和国の合法的権利の回復に関する決議（いわゆる「アルバニア決議」）が採択され、中国が国連安全保障理事会の常任理事国となり、中華民国は常任理事国の座を追われることになった。これに抗議して中華民国は国連から脱退した。1972年2月、ニクソン大統領は中国を訪問し、「上海コミュニケ」を発表する。

　このような国際的な中国政策の変化の中で、日中友好運動に投げかけられた「華青闘告発」は忘れてはならないだろう。1970年7月7日、盧溝橋事件33周年集会で華僑青年闘争委員会（華青闘）が行った演説である。当時、ベトナム戦争反対、日米安保改定反対を闘っていた反戦青年委員会や全共闘の闘いを批判したものであり、運動に大きな衝撃をあたえた。演説は、入管体制粉砕闘争を闘わないことへの批判であり、要旨「日本人が今でも中国人、朝鮮人への被抑圧民族であることを自覚せずに反戦運動を行うことは、侵略戦争を許した排外主義イデオロギーに屈服することであり、口先のプロレタリア国際主義はまやかしに過ぎない」というものであった。

2 日中共同声明の意義

　1972年9月29日、日本国の田中角栄総理と中華人民共和国の周恩来総理が署名した「日中共同声明」が発表され、日中国交正常化が図られた。その意義を確認しておきたい。

　第1に、戦争状態の終結である。9月25日の歓迎晩さん会で周恩来総理は「双方が努力し、十分に話し合い、小異を残して大同を求めることで日中国交正常化は必ず実現できるものと確信します」とあいさつした。戦争状態の終結について、日本側は「中華民国と1952年4月28日に締結した日華平和条約（日台条約）によって基本的に解決ずみである」と主張した。中国側は「サンフランシスコ条約を受けて結んだ日華平和条約は、中華人民共和国が成立した以降に締結したものであり、そもそも不法であり無効であって廃棄される

べきものである。戦争状態は法的に何ら解決されていない」と主張した。「小異を残してでも」という日本側の対応に、周恩来総理は「この重大問題について黙認するわけにはいかない」と譲らなかった。中国側にとって、「2つの中国」政策を絶対に認めることはできないということである。最終的には、共同声明の前文に「日本側は、中華人民共和国政府が提起した『復交3原則』[35]を十分理解する立場に立って国交正常化の実現をはかるという見解を再確認する。中国側は、これを歓迎するものである」と書き込むことになった。日本側は「日華平和条約は、日中共同声明によって失効する」と表明した。共同声明では、「復交3原則」を前文に書き込み、本文第1項で「日本国と中華人民共和国との間のこれまでの不正常な状態は、この共同声明が発出された日に終了する」という表現になった。さらに第2項で「日本国政府は、中華人民共和国政府が中国の唯一の合法政府であることを承認する」、第3項で「中華人民共和国政府は、台湾が中華人民共和国の領土の不可分の一部であることを重ねて表明する。日本国政府は、中華人民共和国政府の立場を十分理解し、尊重し、ポツダム宣言第8項[36]に基づく立場を堅持する」と明記した。そして、尖閣諸島の帰属に関しては棚上げで処理された。

　第2に、戦争責任についてである。9月25日の歓迎晩さん会で周恩来総理は「1894年から半世紀にわたる日本軍国主義の中国侵略によって、中国人民はきわめてひどい災難を蒙り、日本人民も大きな損害を受けました」とあいさつした。田中首相は「過去数十年にわたって日中関係は遺憾ながら不幸な経過をたどってまいりました。この間、わが国が中国国民に多大のご迷惑をおかけしたことについて、私は改めて深い反省の念を表明するものであります」とあいさつした。このくだりでは中国側はだれも拍手をしなかった。中国側からすれば被害は「迷惑」といった程度ではなかった。中国側は、交渉で厳しく「ご迷惑」発言を批判した。日本側の提案は「重大な損害を与えたことについての苦しみと損害に対し深く反省する」であった。中国側の提案は「重大な損害を与えたことについての責任と損害に対し深く反省する」で

---

35)　中国は、日中国交正常化について、3つの原則を日本が受け入れれば正常化は実現できると表明していた。3原則とは、①中華人民共和国政府は中国を代表する唯一の合法政府である、②台湾は中華人民共和国の領土の不可分の一部である、③日華平和条約の廃棄、である。

36)　ポツダム宣言第8項には「『カイロ』宣言ノ条項ハ履行セラルベク又日本国ノ主権ハ本州、北海道、九州及四国並ビニ吾等ノ決定スル諸小島ニ局限セラルベシ」と書かれている。カイロ宣言では「同盟国の目的は、1914年の第1次世界大戦の開始以後に日本国が奪取し又は占領した太平洋におけるすべての島を日本国からはく奪すること、ならびに満洲、台湾及び澎湖島のような日本国が清国人から盗取したすべての地域を中華民国に返還することである」と書かれている。

あった。最終的には声明前文に「過去において日本国が戦争を通じて中国国民に重大な損害を与えたことについての責任を痛感し、深く反省する」と書き込むことになった。

第3に、戦争賠償請求の放棄についてである。中国側は日本の戦争責任を追及したが、共同声明第5項では戦争賠償請求を放棄した。「中華人民共和国政府は、中日両国国民の友好のために、日本国に対する戦争賠償の請求を放棄することを宣言する」と書かれている。中国側が、日本国民を免罪する論理として持ち出したのが、悪いのは軍部であって日本国民ではないという日本軍部と日本国民の二分論である。この二分論は共同声明を成就させるための未来志向の政治的な知恵である。中国人民にとって賠償請求放棄は納得できるものではなかったろう。周恩来総理は「日本の民衆も中国の民衆も同じく被害者だ。ごく少数の軍国主義分子と広汎な日本人民とを区別して考えなくてはならない。賠償請求によって苦しむのは日本の民衆だ。苛酷な賠償に苦しんできた中国民衆はそのことがよくわかっている。中国は日本から賠償金を取らなくても建設できる」と共同声明に関する「説得教育」を行ったといわれている。そしてキーワードは「中日両国国民の友好のために」賠償請求を放棄したことである。この賠償請求をしないという考え方は、戦争を金儲けの手段として考える帝国主義者、軍国主義者に対して、新たな国際紛争の解決方法として、また和解を友好に導く重要な意味を問いかけている。

第4に、平和5原則と反覇権という外交関係の基本を確認したことである。「日本国政府及び中華人民共和国政府は、主権及び領土保全の相互尊重、相互不可侵、内政に対する相互不干渉、平等及び互恵並びに平和共存の諸原則の基礎の上に両国間の恒久的な平和友好関係を確立することに合意する」、「両政府は、右の諸原則及び国際連合憲章の原則に基づき、日本国及び中国が、相互の関係において、すべての紛争を平和的手段により解決し、武力又は武力による威嚇に訴えないことを確認する」、「日中両国間の国交正常化は、第三国に対するものではない。両国のいずれも、アジア・太平洋地域において覇権を求めるべきではなく、このような覇権を確立しようとする他のいかなる国あるいは国の集団による試みにも反対する」。平和5原則は1954年、周・ネール会談で確認された原則で、アジア・アフリカ会議、非同盟諸国首脳会議に継承されている。

第5に、社会制度の相違を乗り越えた平和友好関係の樹立である。前文の最後に「日中両国間には社会制度の相違があるにもかかわらず、両国は、平

和友好関係を樹立すべきであり、また、樹立することが可能である。両国間の国交を正常化し、相互に善隣友好関係を発展させることは、両国国民の利益に合致するところであり、また、アジアにおける緊張緩和と世界の平和に貢献するものである」と書かれている。「民主と専制」と対立を煽る米日に対して、最近ではこの条項が引用されることが多くなっている。

　交渉の過程で、周恩来総理は「日米安保条約について言及しません」と言い、田中総理は「共産主義革命を輸出しないでください」と言ったという逸話がある。これは内政相互不干渉とは何かを示す逸話である。しかし、日米安保条約を破棄することは日本労働者の任務であるというメッセージであったと解釈することもできる。

3 日中関係の4つの基本文書

　日中共同声明は、まさに「平和のための資源」と言ってよいだろう。中国は、日中関係の４つの基本文書が日中関係の基本であると言っている。４つの基本文書とは、1972年９月29日の「日本政府と中華人民共和国政府の共同声明」（「日中共同声明」）、1978年８月12日の「日本国と中華人民共和国との間の平和友好条約」（「日中平和友好条約」）、1998年11月26日の「平和と発展のための友好協力パートナーシップの構築に関する日中共同宣言」（「日中友好パートナーシップ共同宣言」）、2008年５月７日の「戦略的互恵の包括的推進に関する日中共同声明」（「戦略的互恵関係の日中共同声明」）の４つである。2023年11月に行われた岸田・習会談では「戦略的互恵」を再確認した。

　日中労交は、内田雅敏弁護士の４つの基本文書を紹介・解説する著作である『一衣帯水「平和資源」としての日中共同声明——日中間の安定的発展と未来を切り拓く四つの基本文書と2014年の合意文書』、『飲水思源　以民促官　周恩来の決断と田中角栄の覚悟に思いを馳せる』の制作、出版にも協力してきた。

　この４つの基本文書のとおりに事がすすんでいれば、いまのような中国を敵視する関係も生じなかったろう。現在の日中関係は、平和友好条約にもとづき戦略的互恵を推進するパートナーシップ関係である。日本政府は、現在の米国との関係を「日米同盟」と言っている。「同盟」とは軍事同盟のことである。日本が外国と同盟関係を結んだのは３回目となる。1902年の日英同盟、1938年の日独伊３国同盟に次ぐものである。そもそも、日米安全保障条約は

日本国憲法に違反するものである[37]。いま、日本の労働者人民に求められていることは、日中友好交流を促進し、日米同盟を脱して世界平和を構築することではないだろうか。

---

37)　1959年3月30日、東京地方裁判所（伊達秋雄裁判長）は、「日本政府がアメリカ軍の駐留を許容したのは、指揮権の有無、出動義務の有無に関わらず、日本国憲法第9条2項前段によって禁止される戦力の保持にあたり、違憲である」と判事し、砂川事件で起訴された被告全員の無罪判決を下した。

第4章
戦後補償裁判

1 南京大虐殺をめぐる裁判

(1) 李秀英裁判

　日本がポツダム宣言を受け入れ降伏してから50年経った1995年8月17日、南京大虐殺の幸存者[38]である李秀英が、日本政府に対して謝罪と賠償を求めて裁判を起こした。李秀英は、1937年12月19日、学校の地下室に避難していたが、侵入して来た日本兵に抵抗したため、銃剣で刺され瀕死の状態だった。鼓楼病院に運び込まれ、アメリカ人のロバート・ウィルソン医師の治療を受けた。妊娠していた胎児は助からなかったが、李秀英は奇跡的に助かった。南京大虐殺の事実を記録したアメリカのジョン・マギー牧師の8ミリフィルムにも入院治療中の李秀英が映っている。裁判では、日本政府は事実認否を行わなかった。

　東京地裁は、1999年9月22日に判決を言い渡し、李秀英が主張する被害事実をすべて認定したが、請求を棄却した。「個人が国家間の外交交渉によることなく、外国に対して過去の戦争被害につき損害賠償を求めることは、全体として紛争の火種を残すに等しく、将来にわたる戦争を防止するという観点からして有害無益と考える」という理由である[39]。李秀英は控訴するが、東京高裁はまともな審理を行わず、2005年4月19日、一審判決を踏襲する判決を下した。最高裁に上告したが、2007年5月9日、上告は棄却された。

(2) 3つの名誉棄損裁判

　南京大虐殺をめぐる裁判は、その他3つの名誉棄損裁判がある。当時、南京大虐殺はなかった、慰安婦に強制はなかったなどと記述した書籍が出版されるようになった。松村俊夫は『南京虐殺への大疑問』（展転社）という本で李秀英を「ニセの被害者」と書いたことに対して李秀英が著者と出版社を名

---

[38]　被災したとき運よく生き残った生存者のことを中国では「幸存者」と呼ぶ
[39]　大谷猛夫『日本の戦争加害がつぐなわれないのはなぜ!?』合同出版、2015年、p.21

誉棄損で訴えた裁判である。もうひとつは朝日新聞記者の本多勝一が『朝日新聞』に連載していたルポルタージュ「中国の旅」で、野田毅少尉と向井敏明少尉が百人斬り競争を行った記述に対して、両少尉の遺族が起こした裁判である。さらに東中野修道が『南京虐殺の徹底検証』（展転社）という本で「夏淑琴はニセモノである可能性が高い」と書いたことに対して、夏淑琴が著者と出版社を名誉棄損で訴えた裁判である。

　これら3つの裁判は、1審、2審、最高裁とすべて南京大虐殺の事実を認め、確定判決になっている。李秀英には150万円の慰謝料、夏淑琴には400万円の損害賠償が支払われた。野田・向井両遺族は敗訴した。

(3) 東史郎裁判

　1937年12月、南京攻略戦に参加した東史郎は、記録していた陣中記や日記等を南京大虐殺から50年となる1987年、市民運動の要請にこたえて『わが南京プラトーン』（青木書店）として出版した。しかし発刊から6年後の1993年、東の元上官から、「本にある虐殺行為（郵便袋に中国兵を入れて殺害した事件）は虚構である」として、東と青木書店、編集者の3人が名誉棄損として200万円の損害賠償を請求された。1996年4月、東京地裁は原告側の主張を採り入れ、有罪判決を出した。

　東は直ちに控訴した。東や弁護団も、2度にわたって南京市を訪問し、現地で再現実験を行うなどして、日記の記述が正しいことを科学的・物理的に立証してきた。裁判は遠く中国や、アメリカ・カナダなどからも注目され、支援の輪が広がっていた。しかし1998年12月22日、東京高裁は再び「控訴棄却」判決を出した。判決後直ちに、中国外交部（外務省）、中国人民抗日戦争紀念館、中国人民対外友好協会、北京日報社、光明日報社、『南京大虐殺図証』編纂作業委員会などが怒りの声明を発表し、多くの報道機関も「不当判決」と表明した。東は直ちに上告した。

　日本政府は、1998年12月25日の外務省報道官の会見において要旨、「政府としてはいわゆる『南京事件』をめぐり種々の議論があることは承知しているが、1937年の旧日本軍南京入場の後、非戦闘員の殺害あるいは虐殺行為等があったことは否定できない事実であったと考えている」と表明した。

　2000年1月、最高裁は上告を棄却し、東の敗訴が確定した。棄却の理由は「上告の実質は事実誤認又は単なる法令違反を主張するものである」とされた。最高裁判決の翌日、南京紀念館は日本の最高裁に対し、「歴史の事実と公

歴史の歪曲を許さない神戸の集い（1999年1月30日）

正な道理と正義を無視し、公然と侵略と加害者の立場を頑固に堅持する日本の旧軍人を庇護し続けた」、「白を黒と言いくるめる、物事の是非を混同する恥を知らないこの判決」などと、「最大の憤怒と強烈な譴責」を表明した。

（4）虐殺30万人の根拠

南京紀念館の壁には「遇難者300,000」と書かれている。その根拠は何だろうか。極東国際軍事裁判（東京裁判）の判決は「日本軍が占領してから最初の6週間に、南京とその周辺で殺害された一般人と捕虜の総数は20万人以上であった」と記載している。また、南京軍事法廷の判決文には「虐殺被害者総数は30万人以上に達する」と書かれている。サンフランシスコ講和条約第11条には「日本国は、極東国際軍事裁判所並びに日本国内及び国外の他の連合国戦争犯罪の法廷の裁判を受諾し」と書かれている。したがって、虐殺犠牲者30万人以上ということも日本政府が受け入れているということになる。

2 BC級戦犯裁判

極東国際軍事裁判では、戦争犯罪をA項（平和に対する罪）、B項（通常の戦争犯罪）、C項（人道に対する罪）に分類し、B項、C項の戦争犯罪に問われた者を裁いたのがBC級裁判である。アジア太平洋地域49か所で、アメリカ、イギリス、オーストラリア、オランダ、フィリピン、フランス、中国、

ソ連による軍事法廷が開かれた。被告人は約5700人で約1000人が死刑判決を受けた。日本では、アメリカ軍による裁判が横浜法廷で行われ、1945年12月18日から1949年10月19日まで、331裁判、被告1029人が裁かれた。

　横浜法廷で、中国人捕虜に対する虐待の罪で裁かれたのは、花岡事件と大阪・築港事件であるといわれている。のちに中国人強制連行事件の裁判が起こるが、極東国際軍事裁判横浜法廷は中国人強制連行を裁判の対象とはしなかった。捕虜なのか、労務者なのかが問題となった。中国国民政府は、「中国人労務者は捕虜として認めるべきだ」と主張したが、日本政府は同意しなかった。たとえば、武藤章（元中支那方面派遣軍参謀副長）は、日中戦争期の日本軍の捕虜取扱いについて「中国との戦争は『事変』であり、捕えられた中国人は捕虜として取り扱わないことになっていた」、「宣戦布告がなされていれば、捕えた中国人すべてを捕虜として扱ったであろう」と尋問調書で述べている。横浜法廷は、連合国軍捕虜に対する虐待・強制労働の罪を裁いた裁判であった。

　ではなぜ、2つの事件が横浜法廷で取り上げられることになったのだろうか。花岡蜂起の指導者であった耿諄ら13人は秋田刑務所に収容されていた。彼らを解放したアメリカ軍は、軍人であった耿諄らに鹿島建設（旧鹿島組）が行った虐待を知ることができた。大阪・築港事件では、港湾荷役監督者や警察官の4名が起訴され、有罪判決を受けている。中国人捕虜労工268人を収容していた収容所で46人を栄養失調などで死に追いやった罪、中国人に暴行を働いたなどの罪に問われた。しかし彼らは、サンフランシスコ講和条約を挟んで、ほとんど刑期未了のまま釈放された。反省の色ひとつなく港湾労働者の管理抑圧をしたものもいる[40]。日本軍の東京俘虜収容所第5分所（新潟市）には300人ほどの連合国軍捕虜が収容されていた[41]。彼らは新潟鉄工所や新潟海陸運送などで強制労働に従事した。新潟事件で民間企業の監視役がBC級裁判の対象になったのは、連合国軍捕虜を監視していたからという理由であって、中国人強制連行者の監視役であったことは罪に問われていないと思われる。

　なお、A級戦犯であった松井石根[42]は、BC項についても訴追され、南京大虐殺の責任者として有罪判決を受け、死刑になった。松井は1978年、他のA級戦犯とともに靖国神社に合祀された。

40）　大阪・中国人強制連行をほりおこす会『大阪と中国人強制連行』1999年
41）　POW研究会事典編集委員会『捕虜収容所・民間人抑留所事典：日本国内編』すいれん舎、2023年
42）　陸軍大将。中支那方面派遣軍司令官として南京を攻略した。

3 中国人強制連行裁判

　中国人が日本政府や日本企業に対して戦争による損害の賠償を請求した戦後補償裁判は、南京虐殺事件、731部隊、無差別爆撃、平頂山事件、「慰安婦」事件、遺棄毒ガス事件など20件を超えるが、そのうち中国人強制連行の裁判は16件である（152ページ「中国人強制連行・強制労働事件の経過一覧表」参照）。企業を相手取ったもの、国と企業を相手取ったもの、国を相手取ったものと様々である。裁判は、鹿島花岡訴訟が東京高裁で職権和解によって解決した事件を除き、原告はすべて最高裁まで争い、敗訴している。原告が勝訴した判決は、劉連仁訴訟東京地裁、福岡第1陣訴訟福岡地裁、新潟訴訟新潟地裁、広島安野訴訟広島高裁の4件だけである。

　鹿島花岡訴訟の経過を簡単に紹介する。日本在住の幸存者であった劉智渠らが、1985年、鹿島建設に未払い賃金を請求した。そのニュースを知った耿諄が1987年に来日、6月30日に中国人強制連行殉難者慰霊式に参加するとともに市民との交流行事に参加した。大館市は1985年から同慰霊式を毎年開催している。1989年12月22日、花岡事件の幸存者・遺族は、鹿島建設に対して、①丁重に謝罪を表明すること、②花岡殉難烈士記念館を建立すること、③受難者986人に賠償を支払うことの3点を要求した。交渉の結果、1990年7月5日に合意したのが「7.5共同発表」である。その内容は、①中国人が花岡鉱山出張所の現場で受難したのは、閣議決定に基づく強制連行・強制労働に起因する歴史的事実であり、鹿島建設株式会社はこれを事実として認め企業としても責任があると認識し、当該中国人生存者及びその遺族に対して深甚な謝罪の意を表明する。②中国人生存者・遺族は、上記事実に基づいて昨年12月22日付けで公開書簡を鹿島建設株式会社に送った。鹿島建設株式会社は、このことについて、双方が話し合いによって解決に努めなければならない問題であることを認める。③双方は、以上のこと及び、「過去のことを忘れず、将来の戒めとする」（周恩来）との精神に基づいて、今後、生存者・遺族の代理人等との間で協議を続け、問題の早期解決をめざす、というものであった。

　しかし、協議は進まず、幸存者・遺族は1995年6月28日、東京地裁に提訴した。東京地裁は、事実審理を行わないまま、1997年12月10日、除斥（20年経過）により原告の請求を棄却した。1998年7月から東京高裁で控訴審がはじまり、1999年7月には新村正人裁判長が職権和解を勧告し、2000年11月29

大館市十瀬野公園墓地にある
中国殉難烈士慰霊之碑
（花岡平和記念会提供）

日に和解が成立した。和解は原告11名に留まらず、受難者986名におよぶ全体解決である。その骨子は、①7.5共同発表を裁判所で再確認する。②鹿島建設は7.5共同発表で「話し合いで解決する」とした問題の解決のために、5億円を中国紅十字会に信託する。③信託された金員は「花岡平和友好基金運営委員会」により管理運営する。④基金は日中友好の観点から、受難者への慰霊・追悼・受難者と遺族の自立、介護及び子弟育英等に充てられる、というものであった。

劉連仁訴訟の東京地裁判決は、損害額2000万円を認めたが、戦時中の強制連行については国家無答責を理由に認めず、戦後の国の対応について認めたものである。

新潟訴訟では新潟地裁が、2004年3月26日、国と企業に賠償責任を初めて認め、原告ひとりあたり800万円を支払うよう命じる判決を下した。その要点は、①国が終戦直後に強制連行・強制労働の詳細な調査を行い、全貌を把握していたにもかかわらず、責任追及を恐れて書類を焼却し、国会などで強制連行・強制労働の事実はなかったと答弁を繰り返したことは、「甚だ不誠実であるばかりか、実質的に訴訟の妨害をした」と厳しく批判した。②国は旧憲法下では公権力の行使による損害賠償を負わないという「国家無答責」論を主張したが判決はこれを認めず、国と企業の不法行為責任を認めた。③安全

配慮義務違反については、粗末な食事、医療、宿舎しか与えず、安全衛生管理をしないまま、危険な労働に従事させ、休憩・休日もなく、日常的に暴力を用いていた企業の責任を認めるとともに、政策として強制連行・強制労働を実施した国の責任を認めた。④時効については、「消滅時効の援用は、社会的に援用される限界を著しく逸脱する」として認めなかった。⑤日中共同声明は個人の被害賠償まで放棄したものではないとした。

この判決に対して、被告企業の従業員を組織していた労働組合では、組合員から「企業が賠償金を支払えば、賃上げに支障が出るのではないか」、「企業は国の政策にもとづいて中国人を使用したまでで、賠償金は国が全額支払うべきではないか」などの意見が出された。

戦後補償裁判について、日中労交は「日中共同声明によって個人の賠償請求権までも放棄されたものではない」という立場で支援していた。サンフランシスコ講和条約では、「日本国及びその国民の請求権を放棄し」と書かれているので、原爆の被爆者も空襲の被害者もアメリカ政府に対して損害賠償を請求する権利はないとされている。日中共同声明で戦争賠償の請求を放棄しているのは中華人民共和国政府であって、中国国民も放棄するとは書かれていないからである。新潟県平和運動センターは原告の裁判闘争を支援していたこともあって、支援に消極的むしろ否定的な被告企業の労働者との間で板挟みになった。新潟地裁の「国と企業が共同して賠償責任を負うべきである」とした判決は画期的なものであった。西松安野訴訟は国を訴えていないが、最高裁の付言の「関係者」という言葉で暗に国も含めて被害の救済に向けた努力を期待した。その後の裁判では、すべて原告が敗訴し、中国人強制連行・強制労働に関する政治的な解決には結びつかなかった。

当時の被告企業は、事実関係を認めても、国の政策に従ったまでであり責任は国にあり企業には責任がないという立場であった。その後の強制連行裁判で原告が敗訴した理由は、「国家無答責」論もあるが、ほとんどが「日中共同声明によって個人の請求権も消滅した」という理由であり、最高裁判決として確定している。

大阪・花岡国家賠償請求訴訟は、「サンフランシスコ講和条約枠組論」（以下「サ条約枠組論」）の乗り越えをめざす訴訟であった。西松安野訴訟の最高裁判決は「日中共同声明第5項によって、裁判上請求する機能を失った」と認定したが、その理由は、「戦後処理の基本原則として、サンフランシスコ講和条約は、個人の請求権も放棄した」というものであった。サンフランシス

コ講和条約は、連合国とその国民、日本国とその国民は相互に請求権を放棄すること、条約に署名していない連合国の人については2国間で個別に話し合うという戦後処理の枠組みをつくったのであり、冷戦構造を形づくったのである。この「サ条約枠組論」でもって日中共同声明の目的と趣旨を解釈することは誤りであり、被害者の裁判を受ける権利を阻害するものであると最高裁判決に立ち向かった訴訟であった。「サ条約枠組論」を揺さぶる司法論争をしたが、結果としては「サ条約枠組論」を乗り越えることは出来なかった[43]。

1991年、北京の若い法学者である童増が「日本に対する中国人戦争被害者の損害賠償請求は一刻も猶予できない」という論文を、中国の国会にあたる全国人民代表大会に上申書として提出した。日中共同声明で放棄されたのは、国家による請求であって、民間人の請求は放棄されていないという趣旨の論文である。中国政府は、当時、日本との友好関係を重視していたので、この見解を採用することはなかった。新聞が童増の見解を報道すると、童増のもとには1万件を超える被害者からの問い合わせがあったという。1992年3月、中国の銭其琛外相は「侵略戦争で起きた問題であり、日本側は当然ながら妥当な処理をもってこたえなければならない」と述べて、民間の賠償請求を容認した。このことが、戦後補償裁判が起きてくる背景にある。日本では、A級戦犯の靖国神社への合祀、教科書検定問題など、過去の侵略戦争を肯定する軍国主義的傾向が強くなってきた時代であった。

5 和解から友好へ

16件の強制連行裁判のうち、和解したのは5件である。花岡事件は裁判所による職権和解、西松関係は最高裁の付言にもとづく自主和解、三菱マテリアル訴訟は国と企業を相手にした訴訟であったが、福岡高裁が最高裁と同様の付言を行い、三菱マテリアルが付言にもとづき自主的に和解した。その背景には、各地の裁判の原告が統一して和解交渉に応じたこと、中国でも三菱マテリアルを相手取った訴訟が起こったことがあった[44]。

強制連行された中国人約4万人のうち、花岡で986人、西松安野で360人、

43） 大阪・花岡中国人強制連行国家賠償請求訴訟訴訟団『公道』社会評論社、2022年
44） 内田雅敏「和解の新たな可能性を切り拓く—三菱マテリアル中国人強制労働事件和解」『世界』岩波書店、2016年7月

広島安野における中国人受難者を追悼し平和と友好を祈念する集い（2023年10月15日）

西松信濃川で180人、大江山で6人（原告のみ）、三菱マテリアルでは下請けも含めて3765人、計5297人と和解できた意味は大きい。和解条件で共通していることは、強制連行された全員との全体和解であること、賠償金を運営基金として信託し、運営基金が被害者とその遺族の追跡、被害者・遺族への支給、碑の建立、追悼式典の開催、出席する遺族への旅費の支給などを行っていることである。特に強制連行の歴史事実を後世に伝え、友好発展につなげていくかが課題となっている。

　花岡には2010年4月、支援者の努力により花岡平和記念館がオープンした。花岡では、大館市が毎年6月30日に十瀬野公園墓地にある「中国殉難烈士慰霊之碑」の前で慰霊式を挙行している。広島安野では西松安野友好基金による追悼式は終了したが、「広島安野・中国人被害者を追悼し歴史事実を継承する会」（裁判を支援する会が名称を変更した組織）が毎年10月第3日曜日に「安野中国人受難之碑」の前で「中国人受難者を追悼し平和と友好を祈念する集い」を行っている。三菱マテリアル関係では、2020年11月、秋田県鹿角市の尾去沢鉱山の跡地に「日中友好平和不戦の碑」が建てられた。また、福岡県飯塚市の飯塚炭鉱の跡地に「日中平和友好・慰霊の碑」が建てられ、毎年慰霊祭が行われている。謝罪、賠償に続く幸存者・遺族の要求であった碑を建てること、記念館を建てることは、歴史を継承する意味で大きな役割を果たしている。

　内田雅敏は「歴史問題の解決のためには、被害者の寛容と加害者の慎み、節度が必要である。加害者は忘れない——私たちはこのことを肝に銘じて、

加害の事実と誠実に向き合いつづけなければならない」と述べている[45]。

日中共同声明の第５条には「中華人民共和国政府は、中日両国国民の友好のために、日本国に対する戦争賠償の請求を放棄することを宣言する」と書かれている。政府間では賠償を請求しないことで和解が成立した。それは「日中両国国民の友好のために」である。

最近の日本政府の中国への対応は、「友好」どころか、「日本軍国主義の復活」と指摘されるような中国敵視政策である。周恩来総理は「中国人民も日本人民も日本軍国主義の被害者である」として、日本人民を経済的に苦しめる戦争賠償請求をしなかった。和解とは「仲直り」することである。友好とは「友が好き」と書くように、「仲直り」から一歩進めて「仲良し」になることである。戦後補償裁判は、歴史事実の認識だけではなく、補償、和解、友好の課題を日本国民に問いかけた裁判であった。

45）内田雅敏『和解は可能か』岩波ブックレット、2015年、p.63

第2部

日中労交の50年

誓 い

　われわれは、一九三一年および一九三七年を契機とする日本軍国主義の中国侵略戦争を労働者人民の闘争によって阻止し得なかったことを深く反省し、南京大虐殺の犠牲者に対して心から謝罪するとともに、哀悼の意を表し、ご冥福を祈ります。

　われわれは、日中不再戦、反覇権の決意を堅持し、子々孫々、世々代々にわたる両国労働者階級の友好発展を強化し、アジアと世界の平和を確立するため、団結して奮闘することをあらたに誓います。

公元一九八五年八月一五日
抗日戦争及び反ファッショ戦争勝利四〇周年記念日

日中労働者交流協会会長市川誠ら有志の呼びかけによる南京大虐殺犠牲者の慰霊行事に賛同する有志一同

市川誠会長が揮毫した「誓い」

第5章
日中労交の結成

1 日中労働者交流協会の結成

　1974年6月、日中労働者交流協会設立発起人会が発足し、「日中労働者交流協会」結成趣意書を発表して、日中労働者交流協会（日中労交）の結成を呼びかけた。結成趣意書を紹介する[46]。

「日中労働者交流協会」結成趣意書

　1949年10月中華人民共和国が誕生してからこんにちまで、すでに25年を経過いたしました。

　われわれの悲願であった日中国交回復も、日中両国人民の永い、辛棒強い共同のたたかいで遂に実を結び、子々孫々にわたり、私たちの絶え間ない努力によって開花しようとしています。

　申すまでもなく、中華人民共和国は、マルクス・レーニン主義、毛沢東思想に導かれた中国共産党の指導のもとで、労働者階級と人民が主人公となった国であり、プロレタリア独裁をうち樹て、これを堅持し、確固不抜の社会主義社会を建設するために、たゆむことなく文化大革命をおし進めた国であります。

　また、8億の中国人民と労働者階級は、長期にわたる反帝、反封建、反官僚の歴史的闘争の教訓に学び、すべての世界の被圧迫民族、労働者階級の解放をめざして、すべての国家の独立と民族の解放、人民の革命に対しては、高い国境を越えた国際プロレタリア連帯の精神にたって、覇権を求めず、諸国人民の闘争に惜しみのない支援を送っていることは、一点疑う余地のないところであります。

　世界はいま、支配と覇権をほしいままにふるまった帝国主義体制が音をたてて崩れ、資本主義の諸政策は、それ自体いたるところで行き詰ま

46）「日中労働者交流協会への加入のすすめ」から。

り、相互に矛盾を強めながら、危機を進行させております。

　日本もまた例外でなく、むしろ、帝国主義政策、安保体制、資本主義の道を歩むひとにぎりの独占資本と反動派にとっては、とりかえしのつかない混迷を続けております。74春闘はまさにそのような客観情勢のもとで闘われました。

　情勢は、まぎれもなく、レーニンの指摘している通り、変革をなしとげる有利な条件にあります。日本人民の政治に対する不信はかつてなく高まり、独占と保守政権の実態は腐敗と汚職混乱に満ち、政治の反動と国民に対する圧迫が強まれば強まるほど、労働者階級と国民の反体制に向っての抵抗闘争は一層激しさを加え、74春闘を一つの機会として、闘いはかつてない前進と高揚をしめしつつあります。

　日本労働者階級が、世界と日本、とりわけアジア、アフリカ、ラテンアメリカの諸国民の諸闘争に深い関心をよせながら、大局をあやまることなく、情勢を正しく把え、社会科学の普遍的真理を追求するなかで、国際的連帯を一層強化する必要があります。

　日中共同声明が締結されてから、こんにちまでの推移は、航空協定締結にまつわる台湾問題の処理を見ただけでも、歴史の逆行をねらう内外の反動勢力の存在を軽視することは出来ません。

　日中平和友好条約の締結をより早く前進させ、より早く実現することは、アジア情勢と日本の運命をきり開くだいじなだいじな環であり鍵であります。日中両国人民の永遠の友好と発展を築き上げるたたかいはまさにこれからであり、日本の労働者階級の果たすべき使命はまことに重要であります。

　この際、広汎な大衆に基礎をおいた日中労働者階級相互の人事の交流、運動の経験交流と学習を強め、日本と中国の労働者階級と人民の友好と連帯を強化し、平和と独立、解放のために貢献することの歴史的意義は実に大きいといわなければなりません。

　新しい中国が誕生してからこんにちまでの多くの訪中された労働者諸階層の一大結集をはかりながら、広汎な労働者階級とさらに大きく団結し、新たな決意をこめて、この事業を推進する必要を痛感し、ここに「日中労働者交流協会」（仮称）を結成することにいたしました。

　全国の労働者組織の心からなる御賛同を得、本協会の結成と事業の発展のために御協力賜わりますようお願い申し上げます。

> 1974年6月末日
>
> 日中労働者交流協会設立発起人会

　日中労働者交流協会（日中労交）は1974年8月21日、結成された。結成総会では、会則を承認し、事業計画を決定し、役員を選出し、結成総会宣言を採択した。

> ### 結成総会宣言
>
> 　世界はいま、支配と覇権をほしいままにふるまった帝国主義体制が音をたてて崩れ、資本主義の諸政策は、それ自体いたるところで行きづまり、相互に矛盾を強めながら危機を進行させております。
>
> 　日本もまたその例外でなく、安保体制、反中国の道を歩むひとにぎりの独占と反動派はとりかえしのつかない混迷を続けております。
>
> 　日本労働者階級が、世界と日本、とりわけアジア、アフリカ、ラテンアメリカの諸国民の闘争に深い関心をよせながら、大局をあやまることなく、情勢を正しくとらえ、日中平和友好条約の締結をより早く前進させ実現させることは、アジア情勢と日本の運命を正しく切り開く大事な環であります。
>
> 　日中両国人民の子々孫々に至る永遠の平和を築き上げる闘いは、まさにこれからであり、日本労働者階級の果たすべき使命はまことに重要であります。広汎な大衆に基礎におき、日中両国労働者階級相互の人事交流、運動経験交流と学習を強め、人民の連帯を強化し、平和と独立、解放のために貢献することの歴史的意義は実に大きいといわなければなりません。
>
> 　ここに日本労働者階級の一大結集をはかり新たな決意をこめて、日中労働者交流協会を結成し、当面する日中平和友好条約の早期締結への大運動の戦列に参加し、労働者階級の使命を果たさんとするものであります。
>
> 　右宣言する。
>
> 　1974年8月21日
>
> 日中労働者交流協会結成総会

会則は次のようなものである。

　第2条（目的）には「この会は、日中両国労働者の人事交流、労働者組織の運動経験の交流、資料文献の交換、学習を通じて日本労働運動の階級的発展をはかり、日中友好、両国労働者階級の友好と連帯の強化推進をはかります」と書かれている。

　第3条（事業）には「この会は、当面つぎの事業を行ないます。1．訪中者の組織化と連帯強化、2．日中労働者相互の交流計画の樹立と達成、3．資料文献の交流と学習の強化、4．資料の頒布と普及、5．会報の発行と出版活動、6．その他日中友好推進のための必要な事業」と書かれている。

　第4条（構成）には「この会は、前条の目的事業に賛同する労働者会員で構成します。組合加盟も認めます」と書かれている。

　第5条（提携）には「この会は、日中友好を推進する国内の民間各種団体と積極的に協力提携し、日中友好運動の団結を推進します」と書かれている。

　第6条（組織）には「この会は、中央に本部組織を持ち、各種労働団体及び各地方に支部組織を置きます」と書かれている。個人加盟を原則とした組織であったが組合加盟も認めている。そして、支部組織を労働組合や地方におくことにしており、個人も支部に所属し活動する形であった。

　第7条（機関と運営）では、総会、理事会、常任理事会、事務局をおき、会議は万場一致制を原則とした。

　第8条（経費）では、会費はひとり年間2000円であった。

　第9条（役員）には「4．理事　中央地方組織から選出する」と書かれており、個人加盟を原則としながら、組織から役員を選出するようになっていた。

　活動については「国内の日中友好諸団体、友好人士と連帯、共同して、政府に向けて『日中平和友好条約』の早期締結を迫るとともに、日中友好の増進に役立つ諸交流の実現」を確認し、事業計画として、「①中国の解放闘争、解放前の労働運動、現在の労働運動を学習する、②学習のための人事交流、労働者訪中団の編成（全国的・地域的な）、③単産、県段階、旅行社ベースの訪中団のあっせん、④中国人殉難烈士の塔建立運動等で日中諸団体、自治体と共同する、⑤学習のため講師、学習図書の紹介、販売」を確認した。

　さらに次のとおり役員を選出した。

会長	市川　誠（総評議長）	
副会長	村上　行示（海員組合長）	岡村　恵（中立労連事務局長）
	力徳　修（私鉄総連委員長）	酒井　一三（国労副委員長）
事務局長	兼田富太郎（全港湾委員長）	
事務局次長	安垣　良一（総評幹事）	和田　敬久（福島県評議長）
理事	長尾　文吉（自治労委員長）	槙枝　元文（日教組委員長）
	村上　義光（国労委員長）	堅山　利文（中立労連議長）
	及川　一夫（電通共闘議長）	石井　平治（全逓委員長）
	大江栄四郎（都市交委員長）	中江　昌夫（動力車書記長）
	渡会　俊誉（全農林委員長）	坂西　栄蔵（全駐労書記長）
	清水　卯一（全印刷委員長）	佐竹五三九（全国金属書記長）
	西野　六郎（合化労連副委員長）	中川　豊（全日通委員長）
	金良　清一（全自交書記長）	土橋　昭富（紙パ委員長）
	広瀬謹一郎（化学同盟書記長）	里谷　和夫（炭労委員長）
	吉岡　徳次（全港湾副委員長）	原口　幸隆（全鉱委員長）
	高橋　武（全印総連書記長）	小口　賢三（繊維労連委員長）
	滝沢　幸一（政労協議長）	上田　哲（日放労委員長）
	桜井　輝雄（中立労連副議長）	高石　守彦（全道労協副議長）
	飯村　実（東京地評議長）	村上　重雄（大阪地評事務局長）
	岩崎隆太郎（福岡県評議長）	高橋　治（宮城県評議長）
	長沼　矩一（群馬県評議長）	静永　俊雄（三重県評議長）
	山下　元光（山口県評事務局長）	

　総評系の24単産、9地県評が結集し、中立労連、さらに同盟系の海員組合が参加した組織であった。

　日中労交は、国労会館内に事務所を置いて活動を始めた。最初に取り掛かったのが会員の拡大である。加入のすすめ、結成趣意書、活動と事業計画、役員名簿、結成総会宣言、会則、申込みの手続きを掲載した「日中労働者交流協会への加入のすすめ」を作成した。加入のすすめで兼田富太郎事務局長は次のように述べている。

日中労働者交流協会への加入のすすめ

事務局長　兼田富太郎

　いま日中平和友好条約締結への動きと相まって、日中友好運動の強化と拡大が非常に重要になっています。

　それはこの1月、世界各国から注目されていた「中華人民共和国全国

人民代表大会」が開催され、新憲法と政府活動報告と、周総理を首班とする国務院（中央人民政府）を選出し、プロ文革を勝利のうちに乗り越えて、社会主義建設の躍進と力強さを世界の前に明らかにしたからです。

　またこうした情勢のなかで両国政府は日中平和友好条約の締結に合意し、公式折衝が速いテンポで進んでおり、同条約の調印、国会批准が近いことを予想させるからでもあります。

　しかし私たちの日中友好運動はゆるめるべきではなく一層高めなければならないものと確信いたします。何故なら、条約締結は当然政府間においてなされるものであるから日本政府が2年前の日中共同声明の精神を踏みはずさない限りこれを支持することを惜しむものではないが、政府与党の内部を見ると逆流が出てくるものと考えざるを得ないと同時に、条約締結後においても、両国の平和や友好は人民の手によって裏づけられるものであるという歴史の教訓があるからであります。

　この意味で現在から将来にかけて日中友好運動が広汎な大衆のなかに根づくことは、日中両国の子々孫々にいたる親密な友好関係の発展にとって非常に重要であります。

　日中労働者交流協会は、このような認識に立って国内の日中友好運動の中核であるべき労働者階級の立ち遅れを反省し、広汎な労働者階級の一大結集を促すべく昨年8月に結成されたものです。

　したがって、組織、未組織の別なく、総評、同盟、中連、新産別等上部加盟のいかんを問わず、志を同じうするすべての労働者に加入を呼びかけています。

　どうかこのパンフを熟読されて、この協会の趣旨を理解され、職場の末端から同志語らい合ってひとりでも多く加入申込みをされるようおすすめを致します。

　1975年7月21日に開催された第2回総会の活動報告によると、「実際に加入申込みを受けつけ登録事務を始めたのは昨年の12月7日からであり、現在の登録数は456名である。現在加入手続き中のものが約300〜400名で、年内1000名の目標は可能と思われる」と書かれている。第3回総会では、会員数715名と報告されているので、会員が1000名に達することはなかった。そして第2回総会報告では「加入を呼びかけるやり方は、これまで、単産、県評を通じて加入申込書の配布、『加入のすすめ』パンフを下ろしたが、加入申込みに会

費をそえて上がってくるのは、一人ひとりの場合と、単産本部がまとめて持参してくれるのと2つの形があるが、何故か後者の方が成績がよい」と書かれている。日中労交は、個人加盟を原則とした組織であったが、実際の運営は団体加盟に近いことが窺われる。

　機関誌『日中労働者交流』の発行が1975年4月から始まった。第2回総会までに3回発行されている。題字の横に「困難は進んで引受け　栄誉は人に譲り　先進に学び　後進を助ける」という毛沢東語録の言葉が表記されている。日中労交の活動精神を表したものといえる。機関誌は会員の自宅に送付されるものであるが、発送作業は大変手間がかかった。単産、県評のなかには一括送付してくれても構わないと協力してくれるところもあった。自宅送付はほとんど行われなかったと思われる。

　第2回総会は、①組織拡大に取り組む。単産、県評も協力する。②日中平和友好条約闘争を他団体と協力して進める。③日中労交結成の意義をもっと十分に宣伝する。④地方で年4回位、定例学習会を開く。講師も頼み、中央もあっせんする。⑤会計年度を9月～8月とし会費の徴収の仕方をきめる。⑥将来は日中友好国民運動連絡会議[47]へ加入するよう検討する、などを決定した。

2 日中労働者交流の窓口として

　日中労交として初めての訪中団の派遣は、結成直後の最重要活動といえる。1975年3月21日、中日友好協会（廖承志会長、張香山副会長）から友好訪問の招待電報が届いた。早速、団を編成し4月21日から5月14日まで兼田富太郎事務局長を団長に16名の第1回日中労働者交流協会友好訪中団が中国を訪れた。北京、哈爾濱、大慶、瀋陽を訪れ、北京に戻りメーデーに参加、その後上海、無錫、南京、長沙を訪れ、北京から帰国した。その間、工場、人民公社、学校、病院、5・7幹部学校、サナトリウム等を見学し、展覧会、映画、曲技などを鑑賞した。

　中日友好協会との会談で兼田団長は、日中労交の結成の経過、組織性格、活動などについて説明した。張副会長は日中労交の任務として、①日本の労

47）　1971年2月16日、日中友好協会、日中文化交流協会、日中農業農民交流協会、国際貿易促進協会、総評、社会党、中立労連などによって日中国交回復国民会議が結成された。国交回復が達成されたので、その後の継承組織として日中友好国民運動連絡会議が結成された。

第1回訪中団報告集

働者が中国の社会主義を理解すること、②国内の労働運動を強化すること、③訪中団を組織し事実を良く知ること、の３つの任務があると思うが、過去の労働組合の交流とは違って、もっと高いレベルの交流を考えてほしいと要望した。張副会長は、世界の労働者の利益は一致し、任務も共通している。すなわち、①世界の歴史を前進させ、②各国の労働者階級が連帯して闘いを進め、③全世界の労働者が分裂しているとすれば中日労働者階級が団結して共通の闘いを進めていく任務であると語った[48]。

　第1回訪中団の意義は、日中労交と中日友好協会による労働者交流が始まったことである。当時、中華全国総工会は機能していなかった。日中労交は単産、県評や労組の中国交流の橋渡し役も果たすようになる。

3 日中平和友好条約をめぐる論争

　日中国交正常化のあとの日中関係の大きな課題は日中平和友好条約を早期に締結することであった。「加入のすすめ」にもあるように日中平和友好条約

48）『日中労働者交流』No.2 特別号「第1回日中労働者交流協会友好訪中団報告集」、1975.6.15

の締結に反対する動きが、自民党内の台湾支持勢力にあった。また、総評内部ではソ連支持勢力から反対の動きがあった。それは反覇権条項を削除すべきだという野党内の声になっていった。

　社会党第6次訪中団の団長である成田知巳委員長は、1975年5月12日、人民大会堂で中日友好協会の廖承志会長と共同声明に調印した。その内容は「アメリカとソ連の2つの超大国の覇権主義に反対する」というものであった。日中労交第1回訪中団の兼田団長は、調印式に立ち会い、帰国する成田委員長を廖承志会長とともに北京空港まで見送っている。

　訪中団は、この共同声明を支持し、国内においてこれを広める運動の先頭に立つことを決議した。張香山副会長は「日中平和友好条約のなかに覇権主義反対を明記することは、日本にとってもよいことである。それは、東南アジアの国々の日本に対する疑いを解くことでもある。自分が覇権を求めないのだから他国にも覇権を求められては困るのである」と語った。

　総評は、1976年7月の第53回大会で日中平和友好条約即時締結を要求する決議を採択した。総評は1977年3月、槇枝元文議長を団長とする訪中団11名が中日友好協会の招きで中国を訪れた。成田・廖共同声明が社会党の方針になっていないことに苛立ちを持っていた廖承志会長は、槇枝議長に対して共同声明を支持するよう求めたが、槇枝議長は「あらゆる国の覇権主義に反対するが、ソ連をアメリカと同列におくことは出来ない」と反論し、ソ連は社会帝国主義なのか覇権主義なのかと第三世界論とソ連の評価をめぐる論争が行われたといわれている。中華全国総工会が機能回復するまで、総評と中日友好協会との間で交流を行うことが合意されたが、交流は総工会が復活するまで行われることはなかった[49]。

　日中労交は、第2回訪中団（兼田富太郎団長）15名を1976年4月29日〜5月20日、第3回訪中団（佐藤団長）を1977年10月5〜26日に派遣している。単産、県評などの中国を訪問し、中国からも産別組織が訪日している。日中労交を窓口に産別交流、地域交流が行われるようになった。総評は、1977年2月4日、日中平和友好条約即時締結要求国民集会を開催した。また、総評、社会党、日中友好国民運動連絡会議の共催による日中平和友好条約即時締結総決起集会を7000名が結集して開催した。

　日中平和友好条約は1978年8月12日、「両国間の平和友好関係を強固にし、発展させるため」に締結された。第1条では、平和5原則の基礎の上に両国

49）　山田陽一『日中労働組合交流史 60年の軌跡』平原社、2014年、p.82〜85

間の恒久的な平和友好関係を発展させ、すべての紛争を平和的手段により解決し、武力又は武力による威嚇に訴えないことを確認した。第2条では、覇権を求めず、覇権を確立しようとするいかなる国または国の集団による試みにも反対するという反覇権条項が入れられたが、第4条では「この条約は、第三国との関係に関する各締約国の立場に影響を及ぼすものではない」と書かれた。

　日中労交は、日中平和友好条約締結後の日中友好運動を次のように考えていた。「日中平和友好条約に反覇権条項を明確に盛り込んで調印されたことは、日中両国のみならず、アジア・太平洋地域の平和にとって画期的であり実に慶賀にたえない」とした上で、「政府与党内の条約締結慎重派に代表される反中国的な言動に注意を払わなければならない」としている。彼らは「日本軍国主義の中国侵略戦争の惨めな敗戦の後始末として日中共同声明があり、それを基礎として今回の日中平和友好条約が締結されたのであり、それにもかかわらず中国政府は、賠償請求権を放棄する寛容な態度をとったことを十分に理解していない」とし、このような日本帝国主義、日本軍国主義の残滓、反中国思想と闘うことがとりもなおさず日中友好運動なのであるとした[50]。

　1978年10月19日、日中友好国民運動連絡会議は、日中友好10団体と共に九段会館で日中平和友好条約締結祝賀国民集会を開催した。鄧小平副首相の来日を歓迎する盛り上がりをつくった。

50）『日中労働者交流』No.21、1978.9.15

第6章
改革開放と技術交流

1 中華全国総工会第9回全国代表大会

　中華全国総工会は、1978年10月11日から21日まで第9回全国代表大会を開催した。11年ぶりの大会開催である。この大会には1967人の代議員と華国鋒国家主席をはじめ党と国家の指導者が多数出席した。鄧小平副主席が中国共産党中央委員会と国務院を代表してあいさつした。大要は以下のとおりである[51]。

　「社会主義の4つの現代化[52]を実現することは、わが国の経済と技術の立ち遅れた姿を根本的に変え、プロレタリア階級独裁を一段とうち固める偉大な革命である。この革命は、現代の立ち遅れた生産力を大幅に改める以上、多方面にわたって生産関係を改め、上部構造を改め、工農業企業の管理方式と工農業企業に対する国家の管理方式を改めて、近代化された大型経済の要請に適用させなければならない。中央は、全国の労働者階級が必ずこれらの改革のなかで公平無私の模範的な前衛的な役割を果たし、各労組組織が必ず大衆の間での立場、組織活動を通じて、各企業がこれらの改善を順調になし遂げるのを積極的に援助し、革命と建設の事業に新たな傑出した貢献をするものと確信している」と述べ、また「労組は全組合員が企業管理に積極的に参加するよう教育しなければならない。4つの現代化実現のため、われわれのすべての企業は例外なく民主的管理を実施し、集中的指導と民主的管理を結びつけなければならない」と述べ、さらに「労組組織は、企業行政と地方行政が可能な範囲内で、労働者の労働条件、居住条件、飲食条件、衛生条件の改善に努めるよう督促、援助すると同時に、労働者の間で様々な形式の互助活動を積極的に繰り広げなければならない。労組組織は大衆と密接に結びつき、労組は真に労働者自身の組織であり、労働者が十分に信頼でき、労働者のためにものを言い、仕事のできる組織であって、労働者に対してデタラメ

51）『日中労働者交流』No.22、1978.10.15
52）　4つの現代化とは、工業、農業、国防、科学技術の4部門の現代化のこと。

を言ったり、労働者の会費をとって役人やだんなになったり、少数のための私利をはかったりする組織ではないことを広汎な労働者に感じとらせなければならない。労組がこのようにすれば、労組は労働者大衆の間で高い威信をもち、4つの現代化に大きく貢献することができるのである」。

日中労交は中華全国総工会第9回全国代表大会に対して「労働者階級と広汎な人民に深い災いをもたらした『4人組』を粉砕し、安定団結、4つの現代化の実現、反覇権を明記した日中平和友好条約の締結というすばらしい情勢のもとで勝利的に開催される中華全国総工会第9回全国代表大会の成功を心から慶祝し、今後の日中友好、日中労働者交流と連帯の強化、拡大を強く期待します。1978年10月11日　日中友好国民運動連絡会議　日中労働者交流協会　議長　市川誠」というメッセージを送った[53]。市川誠が中華全国総工会第9回大会に送ったメッセージは、日中友好国民運動連絡会議と日中労働者交流協会の連名になっている。日中友好国民運動連絡会議は、国交が回復したので日中国交回復国民会議の名称を変更して運動を継承した組織であり、市川誠が議長、広瀬謹一郎が事務局長に就任していた。

中華全国総工会は復活した。日中労交の中国側の交流窓口は、中日友好協会から中華全国総工会になった。中華全国総工会の傘下には多くの産別組織があるが、国際交流に関しては中華全国総工会国際連絡部が執り仕切っている。総工会復活後の初めての産別交流は、1978年11月14日に来日した中国海員工会代表団であり、全港湾と交流を行った。

総評は、第9回大会で選出された倪志福主席に祝文を送り、1979年中に総工会代表団を招待すると述べた。1979年10月、総工会の陳宇副主席を団長とする5名が来日した。16年ぶりに総工会と総評との交流が復活した。

2 改革開放と技術研修団の受け入れ

中国共産党は、1978年12月18〜22日、第11期中央委員会第3回全体会議（第11期3中全会）を開催し、「4つの現代化」を国の最重要課題と位置づけた。国の発展目標を、①1980年までに国民総生産（GNP）を2倍にする、②20世紀末までにGNPをさらに2倍にし、国民生活をある程度裕福な水準に高める、③21世紀半ばまでにGNPをさらに4倍にし、中進国の水準にすることを定め、社会主義市場経済による「改革開放」へと舵を切った。

53）『日中労働者交流』No.22、1978.10.15

日中労交は、中華全国総工会の復活後の交流について、中国の社会主義的現代化に協力するにはどうしたらよいか検討してきた[54]。それは、中国革命とその精神を学び、社会主義建設の現状を見学するという1970年代の交流からの転換でもあった。中国側が希望していることは、①4つの現代化を早めるために国際交流は積極的に行い、新技術、新プラントを導入し、科学的管理も取り入れたい。しかし、資本主義部分は削って科学の部分だけを取り入れて社会主義のために奉仕させるようにしたい。②今までのようなムード的な観光や工場、人民公社、学校、病院を1日または半日訪問して説明を聞くだけでなく、もっと実務的に（例えば工場に入って一緒に働く、それも3か月、半年、1年と長いほど良いだろう）実際の技術交流が身につくようにしたい。③技術を持った退職者は訪中しやすく技術指導してもらえるのではないだろうか。ただし、その場合、日本に残した家族の生活の問題を解決しなければないので、この点を考える必要がある。

　日中労交としても、次のように考えていた。①中国の欲する技術交流のできる訪中団の組織化。②訪中団の滞在期間が長期にわたる場合も残った家族の生活保障ができるように考える。③そして両国労働者がプロレタリア国際主義を基本として技術、作業を中心とする友好・交流ができるようにすることを考える。そのようななか、中華全国総工会の招待を受け、日中労交は第4回訪中団（市川誠団長以下14名）を1979年11月19〜29日に派遣した。中華人民共和国成立30年を祝う、日中平和友好条約締結1周年を祝うとともに、技術交流に関して意見交換をした。具体的には、全国金属労働組合（全国金属）が金属工会代表団を1980年に招待する件、全国金属兵庫地協の機械金属労働者の相互隔年招待講習の件、中華全国総工会と井上工業株式会社（現・クリナップ株式会社）との技術研修生の長期研修に関する件が取り上げられた。

(1) 中華全国総工会機械労働者代表団

　中国側は、1980年5月14日から2週間、全国金属が招待した中華全国総工会機械労働者代表団（団長：王崇倫総工会副主席）10名の受け入れ交流を高く評価していた。これまでの交流とは趣を異にし、10名を関東と関西の2つの班に分け、職場、工場で、また宿泊まで現場労働者と寝食を共にする方法をとった。全国金属が受け入れ現場に指示した「技術交流の内容」には、金

---

54)『日中労働者交流』No.27、1979.4.4

属熱加工や金属常温加工の様々な生産過程と品質管理・検査ついて自動装置（ロボット）を含めて技術交流を行う項目が書かれていた[55]。

（2）井上工業における中国厨房設備製造技術研修

　1980年2月29日、井上工業㈱は中華人民共和国天津餐具工業公司と中国厨房設備製造技術研修団の派遣と受入れに関する協定書に署名した。30名、2年間という官民を通じて初めての本格的な技術研修であった。1979年10月、陳宇副主席を団長とする代表団が来日した際、章瑞英副団長（総工会副主席）と孫盛泉団員（国際連絡部）は、いわき市を訪れ井上工業㈱の井上登社長と研修団受け入れについて下打ち合わせをしていた。総工会と井上工業㈱とを引き合わせたのは和田敬久元福島県評議長である。1980年2月26日21時20分に研修団受け入れ協議を行うため、北京空港に降り立ったのは、日中労交の市川誠会長、福島県日中労交前会長の和田敬久、井上工業㈱の岩田吉弘専務以下4名、通訳として木村秀文全日本中国旅行社営業課長の7名であった。協議は27日の午後から中華全国総工会会議室で行われ、中国側は陳宇副主席、王家寵国際連絡部部長、王継鈺国際連絡部副部長、孫盛泉国際連絡部員、徐彬軽工業部外事局長をはじめ軽工業部から3名、任世充天津餐具工業公司経理をはじめ天津餐具工業公司から3名が出席して全体会議が行われた。日中労交と中華全国総工会の合意書、井上工業㈱と天津餐具工業公司との協定書、覚書をつくることを確認して、28日から宿舎の万寿賓館で実務者による具体的協議が行われた。和田の活躍は特筆すべきものがあり、すべての文書作成について王継鈺国際連絡部副部長、孫盛泉国際連絡部員と深夜まであるいは明け方近くまで協議していた。29日11時半、予定より1時間遅れて調印式が行われた。合意書、協定書、覚書について紹介する[56]。

　合意書は、日中労交と中華全国総工会とが「研修事業の成功のために共同して努力する」ことを確認し、研修事業の基礎的な支えとなる内容となっている。

合　意　書

　日中両国の労働者と人民の友好関係を一層発展させ、両国の経済、技

55）『日中労働者交流』No.29、1979.6.15
56）『日中労働者交流』No.38、1980.3.15

術の交流と協力関係を促進するため、日本国井上工業株式会社と中国天津餐具工業公司が友好的な話し合いを経て「中国厨房設備製造技術研修団」を日本井上工業株式会社に派遣するため、別紙協定書を締結した。

　日中労働者交流協会と中華全国総工会は、この協定書を積極的に支持し、評価し、またその実施に協力するものである。この協定書を実施する過程で協定書と覚書で明確にされていない解決すべき問題が発生した場合、日中労働者交流協会と中華全国総工会はその都度友好的な協議を行ない、適切な解決を図り、この協定書が順調に実施されるよう保証し、この研修事業の成功のため共同して努力する。

　　1980年2月29日

日中労働者交流協会

会　長　市川　誠

中華全国総工会

副主席　陳　　宇

　協定書の前文には「日本国井上工業株式会社（以下甲という）と中華人民共和国天津餐具工業公司（以下乙という）とは、日中平和友好条約の精神に則り、実施される海外技術研修の基本に関し、双方協議の結果、下記の通り協定を締結する。この協定に基く実施上の必要な細目については、双方別途覚書として協定するものとする」と書かれており、署名人は井上工業株式会社代表取締役社長井上登と中華人民共和国天津餐具工業公司経理任世充である。

　協定項目は次のようなものである。①人数30人。②派遣対象者は、中国軽工業企業に従事する技術労働者から選抜された者。③目的は、井上工業株式会社の企業内技術研修及び日本国内でのその他の技術研修を通じ、軽工業鈑金、木工部門の製造技術及び技術開発、企業管理全般について、その資質を高め、中国軽工業分野の近代化に寄与すること。④期間は2年とし、協議の上短縮することができる。⑤送出し機関は天津餐具工業公司、受入れ機関は井上工業株式会社、後援協力機関は日中労働者交流協会、福島県（自治体）、いわき市（自治体）、いわき市日中友好協会、福島県日中労働者交流協会、中華全国総工会及び中国軽工業部五金電器局、外事局である。⑥研修内容は、鈑金、木工部門の製造技術、技術開発及び企業企画に関するもの、⑦研修方法は、講義、個別指導、実技訓練、生産活動、視察参観とし、研修計画は甲

が定め研修団との協議によって実施する。⑧費用については、甲が生活に必要な実費、研修に必要な資材、工具、装身具等の現物、研修に必要な手当、日本国内の研修に必要な旅費、交通費を負担し、乙が研修団の日本派遣、帰国に伴う旅費、交通費（北京―東京）、中国国内での旅費、交通費、研修団の入国に関するまでの予備訓練に要する経費の一切を負担する。⑨疾病障害補償については、研修団の研修期間内に発生した私傷病疾病、業務上災害、自然災害による医療費（治療費をも含む）については甲の責任で補償することとし、補償基準は日本国法規に準拠し海外旅行災害保険（ATU）を準用する。⑩研修団及び団員の遵守事項としては、政治活動に参加しない、労働組合活動に干渉しない、企業経営管理に介入しない、企業内機密事項を遵守する、日本国内法規、企業内諸規定を遵守する。⑪問題処理として、研修団の研修過程に起生する問題、この協定（覚書を含む）に定められた以外の問題が発生した場合は、甲、乙双方が友好的な話し合いで解決をはかる、甲、乙間において解決し難い問題が発生した場合、甲、乙は後援機関（日中労働者交流協会、中華全国総工会）と協議して解決することを要請することが出来る。

　また、覚書は、井上工業株式会社の専務取締役岩田吉弘と天津餐具工業公司の経理任世充の署名によるもので、①期間を１年間とすること、②研修内容は、鈑金部門（基礎知識、プレス、溶接、研磨、金型工作、設計罫書）、木工部門（基礎知識、素材加工、組立、塗装、設計）、管理部門（労務管理、原価管理、資材管理、品質管理、工程管理、開発技術管理）とすること、③研修工程を事前研修（生活訓練、工場見学、製品知識）、実務研修（基礎知識、実技訓練、機械の保守管理）、事後研修（研修のまとめ、補足研修）の３段階に区分して実施すること、④宿舎及び生活設備として、１室（10㎡）２名、食堂、浴室、洗面所、便所を共用として、各部屋に机、椅子、スタンド、ベッド、テレビを備えつけ、食堂に娯楽設備を置き、工場内の文化ホール、屋内卓球場、屋外バレーコートなどを開放すること、⑤研修手当は研修団員月額一人当たり５万円とすること、などが書かれている。

　中国厨房設備製造技術研修団（団長＝李在義天津餐具工業公司副経理）31名が1980年５月28日に来日した。成田空港では北京まで迎えに行った井上工業㈱の井上登社長とともに研修団が降り立つと井上工業㈱社員50名が日の丸と中国国旗を振って出迎えた。また、出迎えた日中労交の市川会長には中華全国総工会の陳宇副主席からの感謝の手紙が渡された。30日にはいわき市の井上記念体育館で入講式が行われた。入講式は、技術研修団31名、井上工業

中国厨房設備製造技術研修団入講式

㈱の社員1000人が集合し、井上社長の訓示、鈴木井上工業労働組合委員長の歓迎あいさつ、福島県知事（代読）、いわき市長、市川日中労交会長ら来賓あいさつ、李団長の決意表明、研修団員の紹介と続いた[57]。

　技術研修団は、鈑金、木工、設計、品質管理、経営管理で素晴らしい技術を習得し、1年間の研修を終えて、1981年5月21日に帰国した。その際、井上社長は研修団と共に訪中し、第2次研修団24名を引率して6月2日に日本に戻った。第3次研修団21名は1982年6月13日に来日した。第4次研修団12名は1983年6月13日に来日し、6か月間の研修を行った。このように井上工業㈱の技術研修団の受け入れは、3年6か月間で88名の研修生を受け入れ、研修生の出身地も天津をはじめ、広州、東北地方に広がった。

（3）京滋・金属機械高齢退職労働者技術交流訪中団

　1979年2月に訪中した滋賀県労働者第2次訪中団（細谷卓爾団長）に対して、中華全国総工会から「中国の労働者の技術の引き上げに日本の高齢退職者の力を貸してもらえないか」という申し入れがあった。10月に来日した陳宇訪日団とも折衝し、京滋から金属機械関連の訪中団を派遣することになった。全国金属京滋地本、新産別京滋地連、日中労交京滋支部、京都民間高齢退職者連絡会議の4者で実行委員会を結成して準備をすすめてきた。中国側の「1日交流、1日観光ぐらいの気持ちで、夫婦でゆっくり来てほしい」と

57）『日中労働者交流』No.41、1980.6.15

いう心遣いもあり、団員資格は、55歳以上、夫婦同伴可、技術・技能は①金属材料製造・鋳造・鍛造、②機械工作・仕上げ・溶接・組み立て、③電鋳・電鍍などの経験者ということになった。

京滋・金属機械高齢退職労働者技術交流訪中団（竹岡団長以下11名。夫人3名）は1980年9月に訪中し、瀋陽を中心に現場交流した。瀋陽大型機械工場では竹岡団長が「各種歯車の検査の方法」と題して、黒板に図解しながら講義した。瀋陽トラクター工場では小宮団員がキューポラの改造を提案して温度を上げることができたなどの実践的、理論的な交流が行われた。帰国前夜には北京で倪志福総工会主席が出席する送別の宴が行われた。

（4）日中労交第5回訪中団

現代化に取り組む中国との技術交流が成果を上げるなか、1980年11月4日から18日まで、日中労交第5回訪中団（団長：市川誠会長）10名が、北京、天津、桂林、成都、西安、上海を訪れた。天津では天津餐具工業公司の技術研修団の家族と交流し、研修団の様子を家族に伝えることができた。11月7日の中華全国総工会の陳宇副主席、王継鈺国際連絡部副部長との会談のなかで、日本との交流が拡大してきたので、中華全国総工会は今後の交流方針を次のように考えていると説明した。①労働者交流については技術交流を重点とする。この点については日中労交に役割を果たしてもらいたい。②総評、加盟単産との交流は中華全国総工会が継続して行う。相互の事前連絡をより緊密にする。③県評、地評との交流は地方総工会に任せたい。

（5）中国港湾労働者友好技術交流団

産別組織による技術交流が行われたが、そのひとつとして、大阪港における港湾労働者の技術交流について紹介する。

大阪港湾労働組合協議会（議長：山本敬一全港湾関西地本委員長）は、1983年5月13日から2か月間、中国港湾労働者友好技術交流団（団長：楊洪珠天津港務局工会主席）20名を受け入れた。技術交流団は、大阪府港湾教育訓練センターで2週間基礎的技術研修を受けたあと、6月からは現場作業に入り、コンテナ作業、在来船作業、沿岸倉庫作業、革新船作業、海貨情報システム等の技術研修を行った。団員は、中国海員工会に所属する天津、上海、大連、黄埔の各港に所属する港湾労働者であった[58]。

58）　全港湾労組機関紙『港湾労働』第770号、1983.5.25

3 日中青年交流

　1982年３月、総評の招きで来日した中華全国総工会の倪志福主席を団長とする一行６名は、３月24日、日中労交と会談した。市川会長、兼田事務局長、井上工業㈱の井上社長、第２次研修団の汪竹清団長らが出席した。倪主席は、研修の状況について報告を受け、大きな成果を収めていることに感心し、関係者に感謝の意を表した。倪主席の来日は、日中国交回復10周年を記念したものであった。倪主席は、中立労連、新産別、同盟とも会談し、新日本製鉄君津工場、伊豆中央農協、職業訓練大学、各種工場を見学し、広島の原爆資料館を見学するなど多忙な10日間の日程のなかでの日中労交訪問であった。

　日中労交は、1982年９月26日から10月６日まで、第６回訪中団（市川誠団長）11名を派遣した。９月28日には日中国交正常化10周年記念行事に参加、29日には倪主席との懇談、30日には趙紫陽総理が出席した国慶節祝賀宴に参加するなど、交流は深まっていった。

　80年代の日中友好交流のハイライトは、胡耀邦総書記が提唱した3000人日中友好青年交流であろう。3000人の青年が、往復航空運賃と中国国内滞在費を全額中国側が負担する好意によって訪中した。日中国交正常化12周年にあたる1984年９月29日には人民大会堂で胡耀邦総書記が出席して5000人の日中青年が出席した大祝賀宴が開かれた。10月１日の国慶節には中華人民共和国建国35周年を祝う50万人パレードを天安門前から見ることができた。3000人のなかには、日中友好国民運動連絡会議に５名、日中労交に５名が割り当てられた。日中労交第７回訪中団（落合昇団長）５名は、９月28日に北京に入り、西安、上海を経て10月７日に帰国した。

4 中国職工対外交流センターの設立

　1984年４月に同盟の招待で来日した中華全国総工会の羅幹副主席は、槙枝元文を訪ね「引退後も日中友好の仕事を続けてほしい。中国経済を発展させるために、技能労働者を日本の企業に派遣して研修させようと思っている。その受け入れ窓口をつくってほしい」と要請した[59]。槙枝は、前年の1983年の総評議長、日教組委員長を退任していて、日本教育会館の館長に就任してい

59）　山田陽一『日中労働組合交流史 60年の軌跡』平原社、2014年、p.130

た。

　中華全国総工会は技術交流をより促進するため、1984年12月、中国職工対外交流センターを設立した。この組織は総工会の公式の外郭団体である。会長は羅幹副主席、秘書長は王継鈺であった。

　要請を受けた槙枝は、総評、同盟、中立労連、新産別の労働4団体の了解を取りつけ、労働省、財界からの賛同を得て、1986年9月16日、日中勤労者交流センター（1988年11月に日中技能者交流センターに改称）を設立した。理事長に槙枝元文、副理事長に同盟の天池清次元会長と中立労連の竪山利文元議長、専務理事に中川豊総評元副議長が就任した。呼びかけ人には、経済界から経団連の稲山嘉寛名誉会長、五島昇日本商工会議所会頭、岡崎嘉平太日中経済協会顧問が名を連ねた。

　日中勤労者交流センターは、まず日本語教師派遣事業を行った。日中技能者交流センターに改称後の1989年2月、中国職工対外交流センターと「技能研修生受け入れに関する基本協定書」に調印し、技能研修生の受け入れを始めたが、2017年には同協定を終了している。

　日中技能者交流センターは、2016年4月1日、名称をHRsDアジア財団（The Foundation for Asia Human Resource Development）と改称している。

第7章
南京紀念館の開館と市川会長の「誓い」

1 『労働情報』・全国労組連訪中団の南京訪問

（1）訪中団の招請要請

　日中労交の市川会長は1984年9月25日、中華全国総工会の王継鈺国際連絡部副部長にあてて、『労働情報』編集委員会[60]および全国労働組合活動家連絡会議[61]（以下「全国労組連」）の合同訪中団の招請を要請する手紙を書いた。市川会長は、『労働情報』の代表、全国労組連の顧問を務めていた。招請時期は1985年4月下旬から5月初旬の連休時期を希望する、訪中の目的は「中国の4つの現代化、開放政策の実態、中華全国総工会との友好交流、労組の自主権拡大の状況、農業請負制の実態など社会主義経済発展状況の学習」とされていた。1984年の国慶節は中華人民共和国創建35周年にあたり、日本から3000名の日中世代友好青年代表団が訪中した。日中友好ムードが盛り上がった時期であった。

　王継鈺国際連絡部副部長から11月9日付で、「『労働情報』・全国労組連訪中団を歓迎する、具体的な時期、内容等については後日相談する」という返事があった。市川会長は、11月26日に『労働情報』全国運営委員と全国労組連世話人にあて、団員は12名程度、1985年4月28日から5月6日の9日間、訪問先は、北京、延安、上海とし、準備の事務は足立実（東京東部労組委員長）が担当するという団員募集要項を連絡している。

（2）南京紀念館の建設現場へ

　『労働情報』・全国労組連訪中団は、正式名称を『労働情報』・全国労組連第

---

[60]　1977年創刊の労働運動専門誌。当初は月刊であったがすぐに月2回刊となる。同年開催された第1回全国労働者討論集会（大阪集会）で発行を決定、日本資本主義と対決する労働運動の構築を目指した。労働情報編集委員会（代表：市川誠）が編集・発行主体であったが1995年、発行主体を協同センター・労働情報に変更、2023年より休刊。

[61]　1982年に結成された全民労協に対抗する意思をもって労働組合活動家が結成した組織。準備会では「階級的労働運動をすすめる」となっていたが、結成総会では「闘う労働運動を強める」となった。

1次友好訪中団と名乗り、1985年4月29日から5月9日までの11日間中国を訪問した。団長は市川誠（『労働情報』代表）、副団長は樋口篤三（『労働情報』全国運営委員長）、秘書長は足立実（東京東部労組委員長）、副秘書長は前田裕晤（全電通大阪中電）、団員は平坂春雄（全港湾関西地本書記長）、山田順三（日教組札幌西区支部長）、西村卓司（三菱長船労組副委員長）、工藤誠（全日建連帯労組中執）、町田有三（自治労大阪府本部書記次長）、横山好夫（全国労組連事務局長・全石油ゼネラル石油労組副委員長）、吉野信次（全逓東京南部小包支部）、高幣真公（『労働情報』事務局次長）、浜里幹昭（全金大阪港合同副委員長）、宮川安法（京成電鉄労組）の14名であった。

　訪中団は、4月29日に北京に到着、30日に中華全国総工会創立60周年慶祝大会に出席、5月1日は労働人民文化宮のメーデー園遊会を参観して、延安に向かった。訪中団の報告集「中国革命の根拠地　延安を訪ねて」で足立秘書長は「訪中の主な目的は、毛沢東と中国共産党が1920〜1930年代の2度の大挫折をいかに総括し、整風運動を通じて勝利の基礎をつくったかを学び、日本労働運動の参考にすること」と記しているように、延安訪問が訪中の最大の目的であった。延安、西安の訪問を終えた訪中団は、5月6日、南京に到着する。南京での行動は、6日午後、梅園新村中共代表団記念館見学、南京長江大橋参観、江蘇省総工会康克主席招待宴、7日午前、中山陵参拝、江東門万人坑見学、午後は玄武湖動物園でパンダを見て、南京駅から列車で上海に向かっている。

　訪中団が江東門にある南京の侵華日軍南京大屠殺遇難同胞紀念館(以下「南京紀念館」)の建設現場を訪れたのは、5月7日午前のことであった。建物の基礎工事が終わり、柱が建てはじめられた時期である。南京紀念館の建設工事は8月15日の開館をめざして、昼夜兼行で工事がすすめられており、工事と並行して、虐殺された犠牲者の発掘作業が続けられていた。訪中団は、次々と掘り出される人骨を目の当たりにして、表情はこわばり、言葉もなく、うなだれながら見守り、合掌して犠牲者の冥福を祈った。

　訪中団がなぜ南京を訪問したのか、なぜ南京紀念館を建設中の江東門万人坑を見学したのかは定かではない。11月26日に市川会長が団員募集した連絡には、訪問予定地に南京はなく、日程が9日間である。実際の訪中は11日間であり、南京2日間の日程が加わっている。ということは、南京訪問は日本側の希望で加わったというよりは、中国側の要望であったと考えるのが妥当であろう。

訪中団　玄武湖で集合写真

南京紀念館の
建設現場

万人坑の発掘現場を見る訪中団

またなぜ、江東門に向かったのかも疑問がある。訪中団員の話では「予定にはなかったが、たまたま建設現場を通りかかったときに市川団長が見せてほしいと懇願して、見ることになった」というのが通説である。南京市の地図を見ればわかることだが、中山陵は城外の東、江東門は城外の西、玄武湖は南京駅のすぐ近くで城外の北東である。わざわざ東から西まで移動している。「たまたま通りかかった」という説明には無理がある。6日夜の招待宴での市川団長のあいさつには、侵略戦争への反省、南京大虐殺犠牲者への追悼の言葉はない。日本側から江東門万人坑見学を希望したとは考えにくい。訪中団の南京市内の移動は、市川団長が先導の紅旗[62]に乗り、他の団員はマイクロバスに乗り、先導車について移動していた。紅旗の車内で中国側が市川団長に「南京紀念館の工事現場を見ませんか」と提案して、中山陵から1時間近くかかる江東門まで移動したのではないだろうか。訪中団の南京訪問、江東門万人坑見学は、訪中団が希望したものとは言い難く、中国側によって組まれた行程だったと思われる。

(3) 教科書問題と靖国神社公式参拝

　中国側が訪中団に訪れてほしいと思った南京紀念館はなぜ建設されたのだろうか。また、いつ頃から建設を計画していたのだろうか。

　南京大学の高興祖教授は1987年、ノーモア南京の会の田中宏（一橋大学名誉教授）に「南京紀念館の建設のきっかけは教科書問題です」と述べている[63]。

　1982年6月26日、文部省が教科書検定で日中戦争の記述について「侵略」を「進出」と書き換えさせたことが報じられた。中国側の反発は強く、中国側報道機関や諸団体は「日本の中国侵略の歴史を改ざんし、日本軍国主義を美化している」と非難した。人民日報は「文部省は日本の中国侵略を中国への『進出』だといい、日本侵略軍がつくりだした『南京大虐殺』を中国軍の抵抗の結果だというが、これは日本の若い世代を欺くだけでなく、中国人民に対する最大限の侮辱である」と痛烈に批判した。7月26日、中国外務省は北京で在中国日本大使館の渡辺公使に対し「中日共同声明に違反しており遺憾である」と正式に抗議し、「日本政府が自主的に訂正し、早急に問題を解決するよう」申し入れた。日中労交も8月9日に市川会長の談話として「日中

62）　紅旗は中国国産の高級乗用車。

63）　2020年12月「南京大虐殺から83年、東京証言集会」での主催者あいさつ

共同声明、日中平和友好条約に違反しているばかりでなく、アジアの一員として将来の日本の進路を再び誤る恐れがある」と発表した。教科書問題は8月26日、宮沢喜一官房長官が「政府の責任で是正する」と談話を発表して収めることができた。

　教科書問題の翌年の1983年に南京大屠殺編史組が設置された。南京紀念館は2022年8月15日、「紀念館35周年回顧展」を開催したが、「1983年、南京大屠殺編史組成立」と書かれた展示の編史組グループの集合写真の前で、段月萍元副館長は「1984年に紀念館の建設を計画した」と語っている[64]。南京紀念館は、南京工学院建築科の斉康教授の設計・施工によるもので、1985年2月21日に着工、昼夜兼行で工事が行われ、延べ1000人の労働者が働く文字通りの突貫工事により、わずか6か月後の8月15日の開館にこぎつけたのである。開館後も一部工事は続いていた。

　なぜ建設工事は急ピッチで進められたのであろうか。南京紀念館がオープンした1985年8月15日、日本では中曽根康弘首相が、歴代首相として初めてA級戦犯が合祀されている靖国神社を公式参拝した。日本では、1984年8月3日に藤波孝生官房長官の私的諮問機関として「閣僚の靖国神社参拝問題に関する懇談会」（靖国懇）が発足し、1985年8月9日に報告書が提出された。その結論は「国民感情や遺族の心情をくみ、政教分離原則に関する憲法の規定の趣旨に反することなく、国民の多数が支持・受け入れる形で公式参拝を実施する方策を検討すべきである」というもので、必ずしも公式参拝にお墨付きを与えるものではなかった。8月14日、藤波官房長官は「翌日に中曽根首相が公式参拝を行う」と発表した。同日、中国政府は「東條英機ら戦犯が合祀されている靖国神社への首相の公式参拝は、中日両国人民を含むアジア人民の感情を傷つける」と声明を発表した。日本政府は1980年に「靖国神社公式参拝は、違憲の疑いを否定できない」という統一見解を発表しているが、政府統一見解を変更したのである。『朝日新聞』は8月7日に靖国問題の特集記事を掲載している。靖国懇のメンバーで哲学者の梅原猛は、後日、中曽根首相に会ったとき「私が心配したとおり日中関係は悪化してしまった」と述べたら、中曽根は「靖国懇でどのような結論が出ようとも、私は公式参拝を行った」と語ったという。中曽根にとって、8月15日に公式参拝を行うことは既定の方針であった。中国政府はその情報をかなり早くから掴んでいたに違いない。このような日本政府の動きを受けて、史実を伝え続ける大切な場

64）　南京紀念館ホームページ

所としての南京紀念館の建設が急ピッチで進められたのである。

2 南京紀念館の開館式に参加

（1）代表団の派遣とカンパを決定

　『労働情報』・全国労組連訪中団は、訪中報告を『労働情報』No.191（1985.6.1）から掲載しはじめた。同時に、南京大虐殺現場の記念館開館にあたって、侵略・虐殺の真相・真実を日本労働者民衆に正確に伝える努力、大衆カンパ、日中友好連帯のあり方の追求を呼びかける「南京大虐殺についての呼びかけ」を発した。副団長の樋口篤三は、『労働情報』No.192（1985.6.15）に日中友好連帯のあり方について、「南京大虐殺問題を『昔はひどいことをした』と過去の話として流してしまう。82〜83年の日本の教科書改悪問題で、中国、朝鮮や東南アジアの人々が日本政府を批判したのは、今日につらなる問題としてだ。アジアの人民は昔は銃剣をもった帝国主義、今は背広を着た経済帝国主義として日本批判を強め、反日運動が高まりつつある。この今日の日本帝国主義のアジア再侵略を中国の兄弟姉妹にきちんと提起する。そこを通して新しい国際主義のあり方を追求したい」と記している。

　訪中団は、6月15日の総括会議で「8月15日の慰霊記念館の開会式には代表団を派遣して、深い反省と弔意の誠意を捧げるべきである」と決議をした。訪中団は、8月15日の開館式に代表団を派遣すること、虐殺された犠牲者に弔意を示す記念品を渡すことを決定し、広く全国カンパを募ることにした。

　市川会長は日中労交の会長として6月25日、南京市総工会の王家励主席にあてて「南京市江東門の慰霊記念館開館

『労働情報』に掲載された呼びかけ文（1985.6.1）

式に関する照会」の手紙を書き、「開館式の主催者が代表団に参加の招待をいただきたい」と要請した。王主席から7月24日付の返信が27日に届いた。訳文全文を紹介する。「貴会の手紙を拝受し、市川先生が代表を派遣され、我市にて『江東門紀念館』の開館式に参加されたい旨、知りました。併せて我会は貴会に対し正式な招請状を送りいたすことを希望しています。手紙を受け取ったあと、私たちは速やかに市政府と連絡を取りましたところ、市政府の回答によると『日本軍侵略南京大屠殺同胞紀念館』の開館式には本来は外国の代表の参加は正式に招請はしておりません。正式の展示後にあたっては各代表団の参観を歓迎します。南京市人民政府は上述の規定によると、貴会が代表団を派遣し開館式に参加され、反省と哀悼の情をあらわされるとのこと、我会は感激で一杯であります。並びに皆様方の情を南京市民にも伝えたところであります。どうか尊敬する市川会長閣下より我々の心情を貴会の会員の皆さんへお伝えください。又、中日両国人民が世々代々友好的につきあっていくため、世界平和の促進のために」というものである。

　素直に読めば丁重な断り状である。「市政府は『外国人の参加は招請していない。正式な展示が行われるようになったら参観を歓迎する』と言っている」、「我会は皆さんの反省と追悼の情には感激で一杯であり、市民にも伝えた」という内容である。ところが、何を間違えたか、市川会長は「代表団の招待を受け入れていただきました」と報告し、市川誠会長、平坂春雄（全港湾関西地本書記長）、山田順三（日教組札幌西区支部長）の3名の派遣を決定した。

（2）市川会長らが開館式に出席

　「8月15日、南京の空は青く高く晴れわたっていた」と日本軍侵略南京大屠殺同胞紀念館参観弔意訪中団[65] の市川団長は、『労働情報』No.197（1985.9.1）に報告を書いている。開館式は8時30分から始まった。数分前に南京市長に先導されて、黒ネクタイを締めた訪中団3名は第2列目の右に並んだ。中国国歌が静かに流れた。張耀華市長が「南京市人民政府は、現世代と次世代の人々が侵略され虐殺され奴隷にされた悲惨な教訓を永遠に胸に刻み、国家の富強と中華の振興を図るよう教育するために紀念館の建設を決定した」、「中国人民と日本人民は共に過去のことを肝に銘じ、共に努力して、歴史の悲劇

65）「侵華日軍南京大屠殺遇難同胞紀念館」を日本では当初「日本軍侵略南京大屠殺同胞紀念館」と訳していた。この参観弔意訪中団の正式名称も訪中後につけられた名称かもしれない。

南京紀念館開館式
（南京紀念館提供）

「鎮魂の時計」を寄贈
張耀華南京市長（右）と市川会長（左）
（南京紀念館提供）

を繰り返さないようにしなければならない」と述べた。開館式は30分で終了
した。その後、文物資料展の参観と院（庭園）を１周後、映画の上映が行わ
れた。なお、「侵華日軍南京大屠殺遇難同胞紀念館」の館名は、鄧小平党中央
顧問委員会主任が揮毫したものである。

　訪中団は、午後、宿泊先の金陵飯店で、楊正元（紀念館館長）、段月萍（同
副館長）、王家励（南京市総工会主席）、何暁勁（江蘇省総工会国際連絡部副
部長）、李暁寧（同幹部）らと懇談した。その後南京市長を表敬訪問し、「鎮
魂の時計」を贈呈した。張耀華市長、徐莫鋭副市長、胡焔奇副秘書長が対応

した。「鎮魂の時計」は、シチズンのウエストミンスターチャイム付きのホールクロックであり、高さ164cm、奥行き25cm、重さ20kgである。正面下部に「贈　鎮魂の時計　中国侵略戦争を反省謝罪し犠牲者の御霊に弔意を捧げます　1985年8月15日　日中労働者交流協会会長市川誠ら有志の呼びかけによる南京大虐殺犠牲者の慰霊行事に賛同する有志一同」と金文字で記されている。「鎮魂の時計」は翌日、南京紀念館に運ばれ応接室に飾られた。

　訪中団は、16日に雨花台革命烈士霊園、南京博物館、南京紀念館などを訪れた。17日に北京を訪れ、中華全国総工会の王家寵副主席、銭大東国際連絡部部長、白立文同アジア処処長、中国職工対外交流センターの王継鈺秘書長らと交流した。18日に帰国する予定であったが、台風のため飛行機が欠航となり、19日に帰国した。

(3) 開館式出席をめぐるいきさつ

　南京市政府が「外国人の参加を招待しない」としていたのにもかかわらず、訪中団が開館式に参加できたのはなぜだろうか。市川会長は、南京市総工会の王家励主席からの7月24日付の返信を「開館式には参加できないが、展示の参観は構いません」という招待状だと解釈して出発した。そして、南京に行って強引に開会式参加を迫ったと思われる。市川が「鎮魂の時計」を抱きかかえて、ホテルで座り込みを行ったというエピソードが残っている。

　日本軍侵略南京大屠殺同胞紀念館参観弔意訪中団（参観弔意訪中団）の報告は4つ存在する。ひとつは『労働情報』No.197（1985.9.1）、もうひとつは『日中労働者交流』No.104（1985.9.15）、さらに『労働情報』・全国労組連訪中団の報告集「中国革命の根拠地　延安を訪ねて」（1985.9.10）、そして「日本軍侵略南京大屠殺同胞紀念館参観弔意訪中団の団員名簿と日程」という平坂春雄訪中団秘書長の手書きで書かれた報告書である。前者2つが市川の執筆、後者2つが平坂の執筆である。

　この「団員名簿と日程」には、訪中団の細かな日程、訪問先、対応した中国側の氏名・役職が記載されている。「団員名簿と日程」によると、訪中団は8月14日、10時成田空港を出発し、上海空港で上海市総工会そして通訳として訪中団の全行程を同行した中華全国総工会の石金茹の出迎えを受け、上海市総工会の蒋明道副主席らと昼食を共にし、上海駅から16時30分発の急行に乗って20時54分に南京駅に到着し、南京市総工会の王家励主席らの出迎えを受けた。22時30分、宿舎の金陵飯店で日程打ち合わせを行い、「ここで正式に

■ 1985年8月12日，日本日中
労動者交流協会一行参观紀
念館。8月15日，参加开馆
仪式。

■ 1986年

「紀念館35周年回顧展」の展示（南京紀念館のホームページから）

江東門記念館開会式に参列が正式に確認される」と「正式」を２度使い明記している。

　ところが、「中国革命の根拠地　延安を訪ねて」の平坂報告には「８月10日の午前10時に東京発」と書かれている。出発日が、８月14日なのか、８月10日なのかの違いがある。おそらく、８月10日出発が事実であろう。2020年８月に南京紀念館で開かれた「紀念館35周年回顧展」では８月12日に南京紀念館を見学する３名の写真が展示されている。『労働情報』の平坂報告では「市川誠日中労交会長の強引とも思われる要請活動と、中国側の多大な日中友好運動への貢献が認められ、13日午後４時、ようやくの決定が党中央でなされたと仄聞しました」と書かれている。また、『労働情報』の市川報告では「すべての外国人を招待しないという市政府の決定のなか、全国総工会、省、市総工会の大変な努力によって在京者としてまた公表しない特別の措置で列席の機会が与えられた」と書かれている。『日中労働者交流』の市川報告には「張耀華市長の表敬訪問、鎮魂の時計の贈呈は中華全国総工会、交流センター、江蘇省総工会、南京総工会、また上海総工会の配慮、ご協力で成功した。ここに感謝を表明します。今後、南京の記念館を日中両国労働者の団結、友好発展と日中不再戦、平和確立運動の前進に努力する新たな起点とすることを誓います」と書かれている。

　これらを総合すると、訪中団は８月10日に南京に到着、12日には南京紀念館を見学した。その間、市川会長は開館式への出席を強く要請した。総工会側は出席を支援した。南京市政府は、日本人への反感がいまだ根強い南京市

民の感情に配慮すれば、開館式に日本人の出席を認めることはできないと固執した。しかし、出席の事実をマスコミに公表しないことを条件に総工会側の説得を受け入れた。党中央の決定という手続きも市政府内部を説得するために必要だった。したがって、訪中団は、南京紀念館の参観のために8月14日に南京に来たという筋書きになった。団の団員顔写真入り「名簿」は、団員の名前、所属労組、役職などは印刷されているのに、タイトルが「日本軍侵略南京大虐殺同胞紀念館参観甼意訪中団団員名簿　1985.8.14-8.18　日中労働者交流協会」と手書きで書かれたものしか残っていない。平坂春雄の団の役職も「秘書長」と手書きで書かれている。おそらく、参観甼意訪中団の当初の名称は別のものであり、日付も南京での修正にもとづき帰国後に変更されたものと思われる。そして、「鎮魂の時計」を南京市に寄贈し、南京紀念館が保管するという形にしたのも総工会側の知恵であろう。

　それほどまでして、市川会長のわがままを支持した中華全国総工会の意図は何だったのだろうか。それは、8月15日に中曽根首相が靖国神社を公式参拝することにみられる日本軍国主義を賛美する勢力の復活に対する危機感であり、それに対抗する運動を日本労働運動に期待したのではないだろうか。市川会長の「今後、南京の記念館を日中両国労働者の団結、友好発展と日中不再戦、平和確立運動の前進に努力する新たな起点とすることを誓います」という報告を読むと、あらためて「誓い」の重みを感じる。

　8月10日、上海空港に中華全国総工会国際連絡部の石金茹が訪中団を出迎えて、北京までの全行程を同行するという手配の良さを考えると総工会の期待の大きさを察知することができる。「断り状」を「招待状」と勝手に読んだ市川会長の行動の裏には、中華全国総工会から市川会長の南京訪問を支持する意向が伝えられていたのかもしれないが、それを裏付ける資料は残っていない。さらに推測ではあるが、1985年4月から8月までの一連の活動は『労働情報』・全国労組連の活動であり、中国との連絡は日中労交会長たる市川誠が行っていたが、カンパ要請、参観甼意訪中団の派遣、「鎮魂の時計」の贈呈などは、すべて『労働情報』・全国労組連訪中団が決めたことであり、日中労交は組織的に関与していない。それもそのはず、日中労交の事務局長である兼田富太郎は1985年3月29日に死去しており、日中労交の事務局は機能していなかった。中国側としても後任の日中労交事務局長を早く決めてほしといういう希望を持っていただろう。参観甼意訪中団に秘書長がいないことは、今後の連絡を取る場合にも不都合だと考えていたのではないだろうか。

毎日新聞夕刊　1985年9月10日

　日本では『毎日新聞』1985年9月10日夕刊に大阪社会部の大野俊記者が、平坂春雄への取材をもとに「オープンした南京大虐殺記念館」と題する記事を掲載した。南京紀念館の開館式に日本人が参加したという報道は、毎日新聞社が初めてであろう。

3 「誓い」の額と図書の寄贈

(1)「誓い」の文章の変遷
　参観弔意訪中団は、南京市長に対して、日本人民の反省と弔意を表す碑文を贈ることにしているが間に合わなかったので後日贈ると約束した。

「鎮魂の時計」の左側面には「誓い　われわれは、1931年、1937年を契機とする日本軍国主義の中国侵略戦争について深く反省し、心から謝罪し、南京大虐殺の犠牲者に哀悼の意を表し、御冥福を祈ります。われわれは、日中不再戦、反覇権の決意を堅持し、子々孫々、世々代々に亘る両国労働者階級の友好発展を強化し、アジアと世界の平和を確立するため、団結して奮斗することを誓います。抗日戦争反ファッショ戦争勝利40周年記念日」と記されている。

　当初はこの市川会長が記した文面をそのまま額にして贈ろうという計画だったが、『労働情報』・全国労組連訪中団の団会議で文案を検討したところ、「中国侵略戦争について」を「中国侵略戦争を阻止できなかったことを」に修正することになった。さらなる団会議で修正部分は「中国侵略戦争を労働者人民の闘争によって阻止できなかったことを」に再修正されることになった。それは、訪中団が中国で学んだ「日本軍国主義が悪いのであって、日中両国人民は日本軍国主義の被害者である」という中国側の日中戦争の捉え方を反映したものであった。

　文案は、ルポライターの鎌田慧に成文を依頼して次のようになった。

誓い

　われわれは、1931年および1937年を契機とする日本軍国主義の中国侵略戦争を労働者人民の闘争によって阻止し得なかったことを深く反省し、南京大虐殺の犠牲者に対して心から謝罪するとともに、哀悼の意を表し、ご冥福を祈ります。

　われわれは、日中不再戦、反覇権の決意を堅持し、子々孫々、世々代々にわたる両国労働者階級の友好発展を強化し、アジアと世界の平和を確立するため、団結して奮闘することをあらたに誓います。

　　公元1985年8月15日
　　　　　　　抗日戦争及び反ファッショ戦争勝利40周年記念日
　　　　　日中労働者交流協会会長市川誠ら有志の呼びかけによる
　　　　　南京大虐殺犠牲者の慰霊行事に賛同する有志一同

　この文を市川会長が清書（第2部のトビラp.61参照）して銅板の額にすることになった。

(2) 南京大虐殺関係図書の収集

　参観弔意訪中団は、南京紀念館との話し合いで、紀念館には資料室があり、南京大虐殺に関する文献、資料を集めていることを知った。日本での文献は、日本軍の隠ぺい工作によって戦前の資料はほとんどない。戦後、良心的な研究者によって資料収集が始まったが、この頃、南京大虐殺を否定する論調が大きくなり始めていた。元早稲田大学教授の洞富雄に協力を仰いで文献リストをつくり、約150冊の文献を集めることができた。

(3) 市川会長の再度の南京訪問

　1986年6月3日、市川誠を団長とする日中労交第8回友好訪中団は、「誓い」を刻んだ銅板（横91cm×縦60.5cm、約20kg）と約150冊の文献・資料を入れた段ボール箱4箱を抱えて北京に向けて出発した。訪中団は、西安を訪問したあと蘇州に向かったが、市川団長と青野久雄団員（全臨時労組）は南京に向かい、6月10日午後、中華全国総工会の陳瑞華幹部、江蘇省総工会国際連絡部の何暁勁副部長に案内されて南京市人民政府を訪れた。邵永昌副市長を表敬訪問し、「誓い」の銅板の額を手渡した。南京市人民政府の厳家焜秘書長、屈桂海外事処副部長、敬元虎同副主任、南京紀念館の楊正元館長、段月萍副館長が同席した。また、南京紀念館を訪れ、約150冊の文献を寄贈した。文献の収集作業はその後も続き、寄贈した文献は最終的に約200冊になった。

　『労働情報』・全国労組連訪中団が呼びかけたカンパは、113万円ほど集まった。カンパは、参観弔意訪中団の旅費、「鎮魂の時計」などに使われた。また、銅板作成、文献収集などの費用にも使われたが足りなくなり、団員の追加カンパで費用を捻出した。

4 中国人民抗日戦争紀念館の開館式に参加

　日中全面戦争突入のきっかけとなった7.7事変が起きた北京市南西部にある盧溝橋には紀念館があった。参観弔意訪中団も見学している。7.7事変から50年にあたる1987年7月7日に向けて、中国政府は新しく中国人民抗日戦争紀念館を建設した。7月6日に落成式典が行われることになった。

　『労働情報』・全国労組連は、第2次友好訪中団を組織した。団長は市川誠（『労働情報』代表）、副団長は平坂春雄（全港湾関西地本書記長）、秘書長は

前田裕晤（『労働情報』編集人）、団員は武健一（全日建関西生コン支部委員長）、中岡基文（自立労連副委員長）の５名であった。訪中団は、７月５日に東京を出発して北京に到着、６日の落成式典には市川団長のみの参加であったが、各界の代表400名ほどが参加して盛大に行われた。翌７日には団員全員が完成した抗日戦争紀念館を見学した。南京紀念館に寄贈した「鎮魂の時計」と同様のシチズンのホールクロックを中華全国総工会に託して抗日戦争紀念館に寄贈した。

　訪中団は７月８日、南京を訪れ、南京紀念館を見学した。南京紀念館の応接室には「鎮魂の時計」と「誓い」の銅板の額がおかれていた。訪中団は、上海に立ち寄り７月10日に帰国した。

5 南京大虐殺史国際学術シンポジウム

　南京大虐殺史国際学術シンポジウムが1997年８月13日から15日までの３日間、南京市の南京紀念館ならびに状元楼酒店を会場に開催された。主催は南京市対外交流協会、侵華日軍南京大屠殺史研究会、中国国際友誼促進会の３者、運営団体は南京紀念館、協催は南京大虐殺60カ年全国連絡会であった。

　シンポジウムは、13日午前に南京紀念館で開会式が行われた。午後からは状元楼酒店で全体会議が行われた。14日午前はフィールドワークが行われ、幕府山下、草鞋峡、中山埠頭などの虐殺跡地を訪ねた。午後は３つの分科会が開かれ、夜は映画『南京1937』を鑑賞した。15日午前は３つの分科会が開

南京大虐殺史国際学術シンポジウム開会式であいさつする平坂春雄

かれた。一部希望者は紀念館を参観した。午後は総括の全体会議と閉会式が行われた。

　日本からは、神戸・南京を結ぶ会、第12次銘心会南京、大阪・日中友好調査学習訪中団、東史郎さんの南京裁判を支える会訪中団、ノーモア南京の会、強制連行された中国人被爆者との交流をすすめる会、日中友好協会全国青年委員会、南京事件調査委員会の8団体、約90名が参加した。

　日中労交からは、平坂春雄、辻本武史の2名が、銘心会南京の枠で参加した。平坂は8団体の総団長を務め、開会式では日本からの参加者を代表してあいさつした。あいさつでは「日本の各地で日本帝国主義の中国侵略の事実、とりわけ南京大虐殺の事実を広く日本社会に知らしめるために活動を行ってきました。これらは歴史に逆行するようなキャンペーンがなされている時期こそ、次代を担う若者たちに歴史の真実を知ってほしいという願いからの活動で、このような活動の積み重ねによってのみ日中両国の民衆の連帯が生まれると考えています」と述べ、東京、名古屋、金沢、京都、大阪、神戸、岡山、倉敷、三次、広島、呉、熊本で南京大虐殺絵画展、幸存者証言集会、731部隊証言集会、毒ガス展を開催したグループが南京大虐殺60カ年全国連絡会を1997年1月に結成し、今回の南京訪問団を組織したと紹介した。

第8章
天安門事件と総評の解散

1 天安門事件

　1985年3月にソ連共産党書記長に就任したミハイル・ゴルバチョフは、1987年になって「ペレストロイカ」をすすめ、米ソは「冷戦」の終結に向けて動いていった。いわゆる「民主化」の波が東アジアに押し寄せていた。中国でも民主化を求める運動が高まり、胡耀邦前中国共産党総書記が1989年4月15日に亡くなると、自然発生的にデモが広がり、人々が北京の天安門広場に集まるようになった。5月15日、ゴルバチョフ書記長は北京を訪れ、鄧小平中央軍事委員会主席と中ソ関係正常化の宣言を行った。5月19日、北京市に戒厳令が布かれた。趙紫陽総書記はデモの平和的解散を促し、多くの人々はそれに従ったが、一部の学生は天安門広場の占拠を続けた。6月4日未明、人民解放軍は戦車を繰り出しデモ隊を鎮圧し、多数の死傷者が出たといわれている。

　天安門事件後の6月21日、市川誠を含めた文化人・学者など10名が呼びかけた「天安門前広場における民衆の大量殺傷並びに弾圧事件に関する声明」が発表された。賛同者は420名であった。声明は「中国人民解放軍の戒厳部隊は、北京の天安門広場で、身に寸鉄も帯びず、平和に、整然と自分たちの要求・主張を政府に訴えている学生をはじめ中国人民大衆に無差別に発砲し、数千人あるいはそれ以上の民衆を殺傷した。(中略)このことは、私たちを深い悲しみの底に突きおとした。私たちは中国と中国人民を尊敬し、愛し、中国の発展、人民の生活の向上、幸福の増進を願い、そのために中国人民の努力を支持してきたし、いまも将来も支持する。それは同時に私たち日本人民自身のためでもある。(中略)学生たちが政府に求めたことは、党・政府の幹部のあいだに広がる腐敗を一掃すること、人民に真実を知らせ人民が自由に自分の意見を発表する報道と言論の自由、政府と学生たちの対話であり、そのどれをとっても現代社会においては極めて当然のことである。(中略)中国政府がただちに人民弾圧をやめ、人民の声に真剣にこたえることを、私たち

は心から念願する[66]」というものであった。

　天安門事件によって日中の労働者交流は中断した。総評は交流凍結を決定した。総評は1989年 9 月21〜22日に開催した第81回大会で国際自由労働組合総連盟（国際自由労連）への加盟を決定した。総評は交流凍結を解除し、10月23日には黒川武議長が訪中して総評解散後の組織である総評センターと中華全国総工会との交流について倪志福総工会主席と話し合ったが、交流復活を確認するには至らなかった。

　北京の戒厳令は1990年 1 月10日に解除された。日中労交が天安門事件後に訪中団（市川誠団長以下 6 名）を派遣したのは、1990年 7 月29日から 8 月11日であった。訪中は、市川誠が、1958年に北京で開催されたメーデーに総評、中立労連、新産別の労働代表団の団長として参加してから32周年を記念して企画された。市川誠は32年前を回想して「香港から鉄路で中国に入ったとき、初めて仰ぎ見た五星紅旗に感動した」、「広東から 3 日 3 晩かけて長距離北京に到着した」、「天安門の楼上で周恩来総理の招待を受け、総理からマオタイ酒のお酌を頂いたときは涙が浮かんできた」、「メーデーには外国代表として壇上に立ち、延々 4 時間半にわたる100万人の大行進を見たときは感動の溜め息が出た」と記している。団は敦煌を訪問、北京では張香山中日友好協会や倪志福総工会主席のもてなしを受けた[67]。

2 総評の解散と連合の結成

　総評は1989年11月21日解散大会を開催し、同日、連合が結成された。連合は、日中労交が行っていた中華全国総工会との交流、そして同盟が行っていた台湾労組との交流のいずれも引き継がないことを決めた。中華全国総工会との交流については、戒厳令が解除するまでは、すべて延期することを確認した。国際自由労連は、1989年11月29日〜12月 1 日にロンドンで執行委員会を開き、「中華人民共和国に関する決議」を採択した。天安門事件での中国政府の対応を厳しく非難し、加盟組織は中華全国総工会との交流を停止し、関係回復の条件は中国において人権および労働組合権の遵守を明確にすることとした。

　戒厳令解除を条件としていた連合は、1990年 1 月11日に「北京の戒厳令解

66）『日中労働者交流』No.149、1989.6.15

67）『日中労働者交流』No.157、1991.1.15

除にあたって」という声明を発表し、連合としては国際自由労連の対応も十分に尊重しつつ、中国の労働組合との友好関係を深めていくとした。連合は1991年12月14日に岩山保雄副会長が山岸章会長の親書をもって訪中し、倪志福中華全国総工会主席と会談した。倪主席は山岸連合会長の訪中を歓迎すると述べた。山岸会長を団長とする連合訪中団は1992年5月6〜12日まで中国を訪れ、深圳経済特区を視察して香港から帰国した。日中のナショナルセンター同士の労組交流が復活した[68]。

3 『日中労働者交流』の休刊と新体制の確立

　1991年1月15日に発行された『日中労働者交流』No.157には「長期休刊に関する報告」と題する市川誠の記事が掲載されている。『日中労働者交流』は1990年1月15日に発行されたNo.156以降1年間にわたって休刊していた。その理由について市川誠は「秘書が家庭の事情で退職した後、機関誌の企画・編集は市川の仕事になったが、妻が脳梗塞のため長期入院せざるを得なくなり、看病のため編集作業に時間を割くことができなかった。天安門事件により中国態度の好転化を待たざるを得なかった。ソ連・東欧情勢が大きく激動し、冷戦が終結し、情勢に慎重な態度をとらざるを得なかった。訪中32周年を記念して敦煌の訪問を要請したところ、特別の配慮により許諾され、停滞気味にあった日中労交の再建運動が一挙に盛り上がった」と書いている。

　総評の解散によって日中労交は、団体加盟的に運営してきた要素が払拭され、純粋に個人加盟組織として運営せざるを得なくなった。1990年7月の訪中団員には、『労働情報』・全国労組連のメンバーが多い。彼らが日中労交の新しい力となっていく。市川誠にとってみれば、1958年の初心に帰り、日中友好運動の新たな出発の旅でもあったに違いない。

　『日中労働者交流』No.157（1991.1.15）は、日中労交の新体制を発表している。会長：市川誠（『労働情報』代表）、副会長：吉岡徳次（労研センター代表幹事）、事務局長：平坂春雄（全港湾関西地本書記長）、理事：町田有三（自治労中央本部副委員長）、武健一（全日建関西生コン支部委員長）、前田裕晤（十月会議代表・全国労働組合連絡協議会〈全労協〉常任幹事）、足立実（東京東部労組委員長）、中岡基明（十月会議事務局次長）、前川武志（大阪市職東住吉区支部）である。単産・県評を代表している人は誰もいない。総評の

68）　山田陽一『日中労働組合交流史 60年の軌跡』平原社、2014年、p.140

解散により、日中友好国民運動連絡会議がどうなったのか、手元にある資料では不明である。

　日中労交は新体制になり、『日中労働者交流』を復刊し、新会員の獲得、会費の徴収など組織整備に着手した。5月には幹事会を開催し、新たに理事に、石川源嗣（東京東部労組書記長）、高幣真公（『労働情報』事務局長）を加えることにした。

　1992年2月12日に1992年度理事会を開催した。10年以上の会費未納者を整理したことにより、会員数は約200名、会費納入者数は71名になったと報告されている。会則を改正し、名誉会長、常任理事を設けた。事務局次長に足立実が、常任理事に前田裕晤、前川武志がなり、日常的な実務体制を強化した。

4 中華全国総工会との相互交流

　日中労交は1992年10月2〜11日、吉岡徳次副会長を団長とする訪中団8名を派遣し、ソ連および東欧における社会主義諸国の激変に関する意見交換、東北（旧満洲）地方の日本軍国主義の侵略遺跡の見学を行った。

　吉岡副会長は、10月3〜4日に北京で開かれた日中労働界OBシンポジウムに参加した。このシンポジウムは、日中国交正常化20周年にあたり、過去を回顧し、未来を展望し、両国の友好を一層促進するために、中華全国総工会の呼びかけにより開かれた。日本からは、槙枝元文元総評議長を団長に、竪山利文元中立労連議長、富田弘隆元新産別書記長など10名が出席した。中国側は陳宇元副主席など古い幹部が出席した。シンポジウムでは、国交正常化以前の苦労話に花が咲いた。ヨーロッパやソ連経由で北京に行ったことや旅券発行を勝ち取ること自体が闘争であったこと、また中国側も香港まで来たが、日本政府がビザを発行しないために引き返したことやようやく日本に入国しても終始警官に付きまとわれたことなどが話された。国交正常化までの20数年の運動と民間貿易などの民間交流、民間外交の勝利であった。中国側からは21世紀を展望して、アジアの国際連帯を重視し、日中両国の一層の努力が強調された。人事交流については、ナショナルセンター、単産、企業組合、地域、青年層まで広げていくこと、技術交流の重要性が話された。倪志福主席の晩餐会、張香山先生の昼食会など中国側のあげての大歓迎であった。

　これをきっかけに日中労交が中華全国総工会の代表団を日本に招待するようになる。日中労交と中華全国総工会との相互交流の形である。1992年11月

中国総工会訪日代表団
歓迎レセプション
（1999年5月24日）

ハルビンの
731部隊罪証陳列館
（2000年5月31日）

25日〜12月2日に孫中範中国労働運動学院副院長を団長とする訪日団4名、1995年5月23〜31日に李永安中華全国総工会書記処書記を団長とする訪日団4名、1999年5月23〜31日に李永海中華工運研究会副秘書長を団長とする訪日団3名、2002年5月20〜28日に李濱生中華全国総工会研究室副主任を団長とする4名が来日している。訪日団は東京、大阪、あるいは広島、徳島、小名浜、郡山などを訪れ、交流を深めた。これら訪日団の受け入れにあたっては、歓迎実行委員会を組織し、地域の労働組合が歓迎した。

　1994年1月に理事会が開かれ、市川誠会長が名誉会長に就任し、新しく吉岡徳次副会長が会長に、副会長に武健一理事が就任した。日中労交の訪中団は、1994年8月24日〜9月1日に吉岡会長を団長に7名が北京、重慶、武漢、上海を、1996年に7月30日〜8月7日に吉岡会長を団長に7名が北京、成都、貴陽、南京、上海を、2000年5月28日〜6月4日に吉岡会長を団長に6名が

北京、哈爾濱、南京、上海を、2002年9月17～24日に平坂事務局長を団長に大連、哈爾濱、長春、瀋陽を、2003年11月12～18日に吉岡会長を団長に5名が北京、南京、上海を訪れている。

　そのほか日中労交の広島支部が6回にわたる訪中を、宮城支部が吉林省総工会との交流を、徳島支部の訪中、鉄構関係労組の2回の訪中、東京東部労組の4回にわたる訪中など、地方や単組の交流も行われた。

　中国は、1983年にILO（国際労働機関）に加盟し、2001年にはWTO（世界貿易機関）に加盟した。この時期の交流は、中国の社会主義市場経済による社会主義現代化の建設、労働法制の整備などについて学ぶことが多かった。中国の企業は公営から独立した経営体に変わっており、従業員代表大会の役割が重視され、労働組合の役割が生産力強化から、労働者の権益の擁護、福利厚生の充実、失業者のための職業訓練制度の整備などが強調されるようになった。さらに外国企業の進出に対して、労働組合は団体交渉、経営参加についても役割を求められるようになる。

第9章
南京展開催などの取り組み

1 大阪「彰往察来」碑の建立

　戦中の大阪への中国人強制連行者数は、「外務省報告書」によると、日本港運業会華工管理事務所、造船所等4か所に1022名（在阪中の死亡者数85名）。この他に富山県伏木港から半年間で178名（在阪中の死亡者数1名）の移動があった。

　大阪でも1954年の夏から日中友好協会や大阪総評が中心となって遺骨調査の活動が始められた。調査活動に協力した団体により在阪殉難中国人慰霊祭実行委員会（委員長：仲橋喜三郎大阪総評議長）がつくられ、1955年4月11日、中国貿易代表団の来阪を機に第1回在阪殉難中国人慰霊祭が四天王寺で執り行われた。祭主は藤田敬三（国際貿易促進協会関西総局役員）、川島貞子（大阪府宗教婦人連盟理事長）が務め、大阪府知事、大阪府議会議長、大阪市長、大阪市議会議長などが弔辞を述べた。

　第2回在阪殉難中国人慰霊祭は、李徳全中国紅十字会会長を迎え入れた大阪歓迎委員会（委員長：小畑忠良日中国交回復関西国民会議会長）が祭主となって1956年12月16日に四天王寺で執り行われた。李徳全会長は「私たちの同胞の遺骨を収集する困難な事業につくして下さったみなさんの努力に心から敬服しています」と深い感謝の意を述べた[69]。

　その後40年近く、強制連行の事実すら忘れられていたが、1992年に米国立公文書館で大阪関係の戦犯裁判資料が見つかったことから、事実を後世に伝え、再びこうした過ちを繰り返してはならないと、市民や労働組合員らによって史実を明らかにする取り組みが始まった。

　1994年10月16日、連行からちょうど50年の日に中国から2人の幸存者を招いて、「大阪の中国人強制連行50年目の証言を聞く集い」を開催した。1998年2月には、追悼碑建立を目的とする大阪中国人強制連行受難者追悼実行委員

69）『大阪社会労働運動史 第4巻』大阪社会労働運動史編集委員会、1991年、p.864〜886

彰往察来の碑

会[70] が発足し、同年4月には「第1回大阪中国人強制連行受難者追悼会」が開催された。

2002年末、同実行委員会は、磯村隆文大阪市長に宛てて、会が最大の目標としていた「追悼碑建立の申し入れ」を行った。その後、建立の合意までには厳しい交渉や議論が繰り返された。実行委員会側は、碑は「中国人強制連行受難者追悼碑」とし、碑銘は「前事不忘、后事之師」とすること、裏面に受難者氏名の刻銘等を強く求めたが、大阪市は、「前事不忘、后事之師」は絶対に認められられない、「追悼碑」ではなく「記念碑」とするなどと譲らず、交渉は決裂の間際に至った。

しかし、大阪市職員労組や大阪市従業員労組、全港湾労組などの労働組合からの支援、訪日遺族の追及等によって、大阪市側の態度も徐々に軟化し、大阪市人権部長が「被害者のお気持ちを受けとめ、最大限の努力と精一杯のご協力をして参りたい」と態度表明するまでに至った。2004年8月、実行委員会側から提示した碑銘は「日中友好の碑　彰往察来」であった。「彰往察来」とは、「過去を明らかにすることによってこそ、正しく未来を察することができる」という意味で、中国の易経にある言葉である。大阪市はそれを受け入れる一方、「用地は貸借」、「碑は自力建立」、「犠牲者氏名は碑に記さない」という条件を提案した。実行委員会はその受け入れについて、幸存者・遺族らとも意見交換し、最終的に市は「犠牲者氏名は他資料とともに内部に

70）　初代代表は岡田義雄弁護士、現在の代表は冠木克彦弁護士。

収める」ことを暗黙の了解として合意した。実行委員会では酷使される強制連行の姿の絵を碑に刻もうと話し合ったこともあったが、碑文の中に「強制連行され、大阪で港の荷役を強いられた」と体験談を入れることによって、かろうじて「強制連行」の事実を示すことができた。

　要求提出から3年後の2005年6月、「日中友好の碑　彰往察来」は大阪港が見える港区の天保山公園に建立された。石材店が趣旨に賛同して安くしてくれたので、工事費と合わせて150万円で製作することができた。費用は市民や労働組合のカンパで賄った。同年10月には、日本側約100名と中国から幸存者や遺族ら4名を迎えて、感激のうちに除幕式が行われた。以降毎年、碑の前で追悼会が開催され、2023年10月で第26回を迎えた。

2 731部隊展・毒ガス大阪展

　日本陸軍の石井四郎中将によって設立された細菌戦を実行する哈爾濱の731部隊は、1940年浙江省、1941年湖南省などにペスト菌やコレラ菌を使った細菌攻撃や毒ガス攻撃を仕掛け、あるいは生体実験を行い、最終的に6000人以上の中国人を殺害した。

　日本軍のこうした活動を広く知らしめるべく1992年7月、神奈川平和人権センターを中心に「731部隊展実行委員会」が発足し、以後、横浜を皮切りに、全国119会場で展示活動が行われ、延べ30万人が参観した。一方、中国では1997年8月、731部隊などによる細菌戦の被害者とその遺族108人が、細菌戦においては初めてとなる、日本政府に対してひとり1000万円・総額10億8000万円の損賠請求訴訟を起こした

　旧日本軍は、中国侵略の過程で毒ガス戦も実行し、敗戦時には中国東北部を中心に大陸各地で遺棄した毒ガス弾は約200万発以上、化学剤100トン以上、これら化学兵器で被害を受けた人は2000人余りといわれている。731部隊展とは別に、こうした史実を広めるために1996年1月には、新たに「毒ガス展実行委員会」が発足し、同年9月の東京・新宿での開催を皮切りに全国を巡回展示、以後3年間に19会場・延べ3万人が参観した。

　大阪では、1997年に「大阪毒ガス展実行委員会」が結成された。実行委員会代表に井上清京都大学名誉教授、事務局代表に平坂春雄日中労交事務局長が就いた。「大阪毒ガス展」は130以上の賛同団体と40名以上の賛同人をもって5月24日〜6月8日の16日間、ピースおおさかにて開催された。2度の事

毒ガス弾遺棄問題大阪講演会（1996年9月）

前学習会と3回のイベントには延べ5000人以上の参加があり、大成功のうちに終えた。

2000年6月には「731部隊遺跡を世界遺産に登録する」運動が始められた。運動の一環として同年9月、日中労交会長・吉岡徳次名で「731部隊遺跡を世界文化遺産に登録する募金」要請文書が出されるなど、募金活動は活発に繰り広げられた。2001年5月には、平坂事務局長らが中国・黒龍江省の「旧日本軍731細菌部隊陳列館」を訪問して、学習と被害者遺族らとの交流を行った。

3 南京大虐殺証言集会

日本では、南京大虐殺50周年にあたる1987年12月13日、「南京大虐殺50年再び侵略を許すなの集い」が開催された。日中労交の平坂事務局長は、集会当日の助言者として積極的にかかわった。1996年12月には、アピオおおさかで「南京大虐殺の証言を聞く集い」が、中国から2人の証言者を迎えて開催された。

南京大虐殺60年となる1997年7月、平坂事務局長も呼びかけ人のひとりとして「南京大虐殺60カ年全国連絡会」（代表：井上清京都大学名誉教授）が結成され、南京大虐殺に関する日本における中心的組織として活動した。南京大虐殺から60年という節目の年、関連の集会等は12月12日〜16日の間に全国

10か所で延べ13回開催された。大阪では、「南京大虐殺60カ年実行委員会・大阪」の主催で12月13日には集会とデモ、14日は「国際シンポジウム 南京大虐殺とホロコースト」が開催された。特別講演には、ドイツから『ラーベの日記』[71]保管者のラインハルト夫妻や幸存者5名、研究者2名の計7名が訪日した。彼らはその後、全国10会場での集会に分散して参加した。以後、大阪では毎年12月13日前後には必ず集会を開催し、また連続学習会など様々な趣向を凝らして南京大虐殺について学習し続けている。

　1991年9月、大阪城公園内の大阪陸軍造兵廠跡地に、「大阪国際平和センター（ピースおおさか）」が開館した。日本では初めて「戦争」を「加害・被害」の両面から捉え、「歴史の事実」を客観的に表現した平和博物館だった。

　1996年から、歴史改竄派のピースおおさかへの攻撃が始まった。マスコミの偏向を正す活動を主目的とした「日本世論の会大阪支部」が口火を切り、以後、自民党の参議院議員、日本会議や産経新聞などが「自虐的」、「反日的」などとキャンペーンを展開した。1997年には大阪府議会や大阪市議会で執拗にピースおおさかに対する批判が展開された。同年3月には様々な右翼団体が結集して、ピースおおさかの「戦争資料の偏向展示を正す会」を結成し、以後、「正す会」がピースおおさか攻撃の中心になっていった。ピースおおさかは97年7月、展示物の一部変更に応じたが、「設置理念を守る」ことも確認した。これで「正す会」の活動はエスカレートし、1999年3月には、事務局に圧力をかけて、日本政府がサンフランシスコ条約で「東京裁判は正当」と受け入れているにもかかわらず、東條英機をA級戦犯として裁いた東京裁判は誤りだったとする映画『プライド　運命の瞬間（とき）』上映会を開催した。2000年1月には、「20世紀最大のウソ　南京大虐殺の徹底検証集会」を行った。

　市民団体等は、ピースおおさかに、集会を開催させないように説得したが、同館は憲法の「集会・表現の自由」や地方自治法の「正当な理由のない限り、公の施設の利用を拒んではならない」をタテに許可に踏み切った。市民や労働組合は「正す会」に対抗して、2000年4月、「南京大虐殺が日本に問いかけるもの―『ピースおおさか』の姿勢をただす―」集会を、吉田裕一橋大学教授（南京事件調査研究会）や南京紀念館の朱成山館長を迎えて開催し、「戦争の悲惨さを伝え平和の尊さを訴える設置理念を堅く守ること」等ピースおおさかに対する5項目の要求を決議した。しかし、2008年、新しく大阪府知事

---

71)　南京安全区国際委員会の委員長だったドイツ人のジョン・ラーベが日本軍の南京占領中に書いた日記

になった大阪維新の会の橋下徹知事は、「朝鮮コーナー」を撤去し、後任の同・松井一郎知事は、全館リニューアルを強行した。現在、ピースおおさかは「大阪大空襲」のみを常設展示する「平和博物館」となっている。

1997年12月13日、14日の2日間、「南京大虐殺60年国際シンポジウム」が東京で開かれた。それを機に「ノーモア南京の会」（代表：田中宏一橋大学名誉教授）が「南京大虐殺・東京証言集会」を毎年開くなど、各地で南京大虐殺に関連する集会が開かれている。

南京大虐殺から70年となる2007年6月には、「南京大虐殺70周年記念追悼公演『地獄のDECEMBER―悲しみの南京―2幕11章』」が、日本国内30か所、上海、南京、ニューヨークなどで開催された。

2012年2月、河村たかし名古屋市長は、姉妹都市である南京市の幹部が表敬訪問した際に「南京大虐殺は無かった」と発言した。真意をただされた名古屋市議会においても「南京での死者30万人という数は、絶対に真実とは違う」などと発言した。南京大虐殺60カ年全国連絡会は「南京市と友好都市関係にある市長として、あまりに非常識」などとする抗議書を提出した。

4 中国人技能実習生への暴行・人権侵害事件

1998年7月、2年の契約で中国・江蘇省から来日した12人の女性たちは、福井県にある繊維・縫製関連企業中心の武生コンフィクソン協同組合（青木宣二理事長）で技能実習生として働いた。彼女たちの労働条件は、中国で言われていた内容とは程遠く、生活費名目で1万円＋残業代（300円／時程度）で、日々の食事代にも事欠いていた。どうしても納得できなかった3人の女性たちは、理事長から直接説明を受けようと1999年10月、住居の寮から幾つもの峠を越え、6時間以上も歩き続けて本社にたどり着いた。彼女たちの本社来訪を知って、同じ協同組合で働いていた、近所にいた中国人実習生らも駆けつけ、人数は15人にも増えていた。しかし本社前に座り込んだ彼女たちを待っていたのは、協同組合加盟各社社長の暴力と罵声だった。髪の毛が引き抜かれ、殴る蹴るの暴行を受け、失神した者まで出た。

彼女たちは、武生警察署、福井県庁、武生市役所、東京の中国大使館などに告発したが、どこも動かなかった。他方、事件を知ったRINK（すべての外国人労働者とその家族の人権を守る関西ネットワーク）、多文化共生センターやおおさかユニオンネットワーク加盟組合は、すぐに動き出した。ユニオ

ンネットワークの春闘総行動時には、彼女たちが大阪に駆けつけ、あるいは大阪から現地に乗り込むなど、固い団結と連携プレーで協同組合と闘った。さらに、メディアで報道された。日中労交の吉岡徳次会長、平坂春雄事務局長、丹羽雅雄弁護士らは中国大使館に出向き、解決協力を要請した。大脇雅子議員が国会で質問するなど、運動は大きく広がった。その結果、福井労働基準局は、「無断の天引きは違法」とし、雇用契約書と賃金の明細書の作成を指示。パスポートや預金通帳も本人に返還された。おりしも訪中していた日中労交の訪中団は、江蘇省総工会と議論した。人民日報等も大きく報道し、北京電視台（TV）では「野麦峠の中国人女工」というドキュメンタリーまで放映された。日本では、青木理事長とゼネラルユニオンの間で団体交渉が繰り返されていたが、2000年9月、青木理事長が「組合側解決案を全面受諾」することを表明し、暴行と賃金未払についても謝罪し、ひとり100万円の解決金を支払った。

　平坂は、中国の担当部局宛に、「日中労交」名で、日本における研修生・実習生問題に関して、「日本の『法務省指針』にあるように、相手側送り出し機関は『研修・技能実習制度についての正しい認識を持つ』よう、日本側受け入れ機関も『相手側送り出し機関に十分に説明するよう』求める」文書を発した。2000年11月28日付で、中華全国総工会国際連絡部の夏暁梅部長より、日中労交の平坂春雄事務局長宛に、「よい解決を図るために弛まぬ努力をなさった貴組織と平坂先生に心から感謝を申し上げます」とのお礼状が届いた。

第10章
「誓いの碑」の建立

1 「誓いの碑」建立の呼びかけ

　2004年、日中労交は結成30周年を迎えた。その記念事業のひとつとして、南京紀念館に「誓いの碑」を建立しようということになった。2003年11月に吉岡徳次会長を団長とする訪中団が南京紀念館を訪問した時、紀念館の改築に合わせて、記念碑を建立してはどうかという話があったようである。2005年1月に開かれた日中労交理事会で「市川前会長の遺筆による記念碑」建立運動を決定し、記念碑建設実行委員会を設置して、資金集め、記念碑づくり、中国側との折衝を始めることを確認した。しかし、2月16日に吉岡徳次会長が急死したため、建立運動が実際に動き始めたのは、夏以降からであった。

　5月には、副会長であった元木末一（全港湾委員長）を会長代行に選任し、在京役員会を開いて活動を再開した。呼びかけ文をつくり労組等に要請を行った。また、碑文や碑の作成について検討を始めた。2006年6月に日中労交広島支部訪中団の団長として訪中した池上文夫は、中華全国総工会、中国国際交流協会と会談し、記念碑建立について中華全国総工会が責任をもって対応することを確認した。

　2006年から南京紀念館は、休館して全面的な拡張・リニューアル工事を行っていたため、碑建立の話は進まなかった。日中労交は、市川誠の筆による「誓い」を彫り込み、洋墓を模した横120cm、縦80cm、厚さ12cmの黒の御影石による碑をつくり、日本から運ぶことを石材店と打ち合わせしていた。南京紀念館から建立を承認するとの連絡があったのは2007年5月であった。2007年12月13日、南京大虐殺70周年に南京紀念館はリニューアルオープンした。展示スペースも大幅に拡大し、展示内容・方法も新しい工夫がなされたものであった。新しく南京大虐殺を題材にした映画がつくられるなど、70周年の行事は大々的に行われていた。南京紀念館は、各国から送られていた碑を整理して、庭園に配置することを考えており、新紀念館はオープンしたものの庭園の整備は進んでいなかった。

2 南京紀念館との折衝

2009年4月に日中労交宮城支部訪中団の団長として訪中した亀谷保夫は、中華全国総工会国際連絡部の王明然アジア太平洋処長から「南京紀念館が新しく整備する庭園の計画には日中労交が希望する碑は含まれていないようだ。紀念館と直接話し合った方がよい」とアドバイスを受けた。亀谷は「碑の大きさや材質にはこだわらない」と回答した。亀谷から報告をうけて、5月20日に緊急拡大事務局会議が開かれ、前田裕晤事務局次長、前川武志常任理事を訪中させることを決定した。両名は6月17日から20日まで訪中し、中華全国総工会の手配のもと、中国国際交流協会と南京紀念館と話し合いを行った。

6月17日、中国国際交流協会の徐建国秘書長、文徳盛アジア・アフリカ・オセアニア処処長、王琳同副処長と会談した。徐秘書長は「日中労交とは、この6年間交流が途絶えているが、機関誌の交換を行っているので状況はよく知っている。日中労交と総工会との間で労働者間の交流をはかり、南京大虐殺の記念碑をつくることは良いことだ。建立について南京紀念館のみなさんとよく話し合ってください」と語った。また「国際交流協会は、労働者の組織ではないので、総工会との交流とは異なると思う。国際交流協会は、政治的、理論的、学術的、文化な幅広い交流を行っている。日中労交と交流を再開することについて異論はないが、交流のやり方については今後詰めていきましょう」と述べた。すでに、日中労交と中華全国総工会の相互交流は終了することが決まっていたので、中国国際交流協会との交流をどうするか検討課題になっていた。

18日には、南京紀念館の朱成山館長と会談した。この席には中華全国総工会国際連絡部の王明然アジア太平洋処処長、江蘇省総工会国際連絡部の羅慶霞、盛卯弟が同席した。朱館長は「日中労交が開館以来支援してくださることに感謝している。記念碑を建てることには賛成である。リニューアルにあたって、展示内容や展示方法について関係部署と様々協議をしてきた。そのために返事が遅れてしまった」と切り出し、「年内完成を目標に、碑の内容、設置場所などを話し合いましょう」と提案した。前田、前川の両名は碑の建立に至った経過と状況を説明した。朱館長は「まず設置場所を見に行きましょうと」と庭園に案内した。設置予定場所は平和の塔の近くだった。朱館長が言うには「黒の御影石は日本では墓石に多く使われており、イメージが暗

い。銅板レリーフでつくりたい。南京紀念館にある碑文は母国語、中文、英文の三か国語で表記するのが通例である。高さを低くし庭園を見渡せるようにしたい」という提案であった。両名は提案を受け入れ、費用、除幕式のやり方なども相談して帰途に就いた。10月になって朱館長から「記念碑は鉄製にする。除幕式を12月13日に行いたい」と連絡があった。

3 除幕式

「誓いの碑」の除幕式に参加するため、日中労交の訪中団 6 名が、2009年12月12日から14日、北京と南京を訪問した。団長：伊藤彰信（日中労交副会長、全港湾委員長）、副団長：平坂春雄（日中労交事務局長）、秘書長：前川武志（日中労交常任理事）、団員：前田裕晤（日中労交事務局次長、『労働情報』発行人）、垣沼陽輔（日中労交事務局次長、全日建近畿地本委員長）、亀谷保夫（日中労交理事、東北全労協事務局長）であった。

訪中団は、12月12日、北京に到着し、中華全国総工会国際連絡部の王明然アジア太平洋処長の出迎えを受けた。中国国際交流協会を表敬訪問し、徐建国秘書長、白宏魁副秘書長、王琳アジア・アフリカ・オセアニア処副処長、翌日から駐日本中国大使館に赴任する文徳盛参事と懇談した。団からは「誓いの碑」の建立にご尽力いただいたお礼を述べた。徐秘書長は「労働分野については中華全国総工会との交流分野であるが、政治的、理論的な分野は中国国際交流協会の交流分野である。シンポジウムなどを共催してもよい」と語った。その後、近くのレストランで中国国際交流協会による夕食会が催されたが、国際交流協会の関心は、日本の労働者の状況と鳩山政権に対する態度についてであった。

ホテルにもどると、中華全国総工会国際連絡部の彭勇副部長が訪ねてきた。彭副部長は中華全国総工会と日中労交の今後の交流のあり方に関する話をしたかったのだろうが、日中労交では、とにかく碑を建てること優先して活動してきたので、今後のことについては議論が進んでいないと報告するにとどまった。

翌13日、南京に向かった。南京には王明然も同行した。南京空港では、江蘇省総工会国際連絡部副部長の羅慶霞の出迎えを受けた。空港から市内に向かう途中、市内のサイレンが一斉に鳴り響いた。南京大虐殺の犠牲者を追悼するためのサイレンである。

「誓いの碑」除幕式　朱成山館長（左）と伊藤彰信団長（右）

　除幕式は、午後３時から行われた。碑は、南京紀念館の出口の手前にある平和公園内の平和の女神像のすぐ近くに建てられた。除幕式には、南京紀念館が1985年に開館したとき、市川誠初代会長が贈った「鎮魂の時計」が飾られていた。南京紀念館の朱成山館長のあいさつのあと、伊藤団長があいさつをした。伊藤団長は、日本軍国主義の犠牲になられた方々に哀悼の意を表した後、日中労交の活動を紹介し、市川誠元会長がこの碑を建てる決意をした経過を説明し、碑の建設に尽力をいただいた方に感謝し、再び戦争を起こすことがないように、日中労働者の友好と連帯をさらに深め、日中両国の発展とアジア・世界の平和のために活動することを決意表明した。

　碑は横120cm、縦70cmで、碑文は日本語、中国語、英語の３か国語で表記されている。３か国語で表記されたことは、より多くの人に日中労交の「誓い」を知ってもらう意味でよいことだろう。碑文は本書の13ページと95ページに掲載している。なお、裏面には「この碑文は市川誠前会長が生前揮毫したものです。2006年12月吉日　日中労働者交流協会　反戦反覇権の誓い記念碑建設実行委員会　代表吉岡徳次　事務局長平坂春雄」と刻した。

　除幕式に先立って記者会見を行ったこともあり、碑の除幕については、中

「誓いの碑」の文面（日本語、中国語、英語で表記）

央テレビで映像こそ流れなかったが、南京大虐殺犠牲者追悼集会の報道の一環として中国全土に報道され、多くのメディアで取り上げられた。

　除幕式のあと、朱館長と懇談した。朱館長の説明では、碑を製作してくださった方は、記念館の彫刻や足型を制作した彫刻家だそうだ。碑は型に鉄を流し込んで文字を浮き彫りにしたもので、600年はもつという立派なものである。また、朱館長からは、来年の南京大虐殺犠牲者追悼集会に参加してほしいという要請があった。

　「誓いの碑」が、末永く日中労働者の友好の証となり、また、歴史を直視し未来を切り開く若い人たちへ受け継がれるものであってほしいと願うものである。訪中団は、親の遺言をやっと果たすことができた子の心境を味わうことができた。日中労交は、当初、この碑を「反戦反覇権の誓いの碑」と呼んでいたが、日中関係の悪化に伴い、日中平和友好の精神をより押し出した呼び方として「日中不再戦の誓いの碑」と呼ぶようにしている。

　この碑の建立にあたって、多くの労働組合、労働者からカンパをいただき、最終集約額は372万6000円となった。碑の建立費用は15万元（約225万円）であったが、中国との折衝に使った費用、日本での石材店への支払いなどをあわせると不足が生じ、不足分の追加カンパをお願いした。

第11章
日中労働情報フォーラムの結成

1 中華全国総工会との相互交流の中止

　吉岡徳次2代目会長が2005年2月16日に逝去してから、中華全国総工会との関係をどのようにするのか、日中労交の交流のあり方が問われることになった。

　当時、全港湾の書記長であった伊藤彰信は、吉岡会長に対して「中小労組の組合員はなかなか中国と交流する機会がない。日中労交として青年労働者を対象とした訪中団を組織すべきだ。そうしないと、日中労交は存続できなくなる」と提言した。しかし、吉岡会長の回答は「日中労交は労組幹部交流で良い」というものであった。伊藤は全港湾単独で青年訪中団を組織し、2005年5月に15名の青年部員を連れて訪中し、南京紀念館などを訪れた。その後、全港湾は青年訪中団を派遣していない。全港湾は、中国海員工会との古くからの産別交流があり、港湾施設などを訪問していた。

　伊藤が2007年5月、全港湾第10次訪中団の団長として訪中した際、同行してくれた中華全国総工会国際連絡部の王明然アジア太平洋処処長から、日中労交との今後の交流について次のような話があった。この団は前年に全港湾委員長に就任した元木末一（日中労交会長代行）が団長となって訪中する予定であったが、同年3月に脳梗塞を発症し、医師から飛行機に乗ることを止められていた。伊藤は日中労交の役員ではなかった。王処長の話は次のようなものであった。①中華全国総工会の国際交流は各国ナショナルセンターとの交流を原則とする。総工会の国際交流は、当初はソ連や日本など限られた国との交流であったが、いまやILOにも加盟し世界約180か国との交流がある。②日本とは産別交流の歴史もあるので、今後とも交流を希望する産別とは交流を続ける。③日中労交との交流は、日中国交回復の井戸を掘った世代がいなくなったので、中国から日本への訪問は行わない。日中労交の会員は高齢化しているし、財政事情を考慮しての判断である。日本から中国への訪問は、不定期とし、例えば日中国交正常化〇〇周年など節目の年に受け入れるよう

にする。④日中労交は、中華全国総工会との交流だけでない中国との交流関係について検討してほしい、というものであった。中国には「飲水思源」（水を飲むときに井戸を掘った人のことを忘れるな）という格言がある。例えば市川会長、吉岡会長の世代は、運動をずっと行ってきた人であり、そういう井戸を掘った人たちは大切にするが、次の世代は「普通のレベル」である。今まで相互に招待し合いながら交流してきたが、これからは、訪中を受け入れるが自費でお願いしたい、というような提案、いや通告に近いものであった。

　日中労交の会員は高齢化しているという組織状況、会員も少なくなり財政がひっ迫しているという財政状況は、そのとおりであった。中国からの訪日団を招待すると、招聘実行委員会を組織し、各労働組合からカンパをもらう。カンパをしてもらった各労組を訪日団が訪問する日程をつくる。表敬訪問は形だけのものになり、歓迎宴にはカンパをしてもらった労組の代表を招待する。カンパ要請を受ける労組も大変である。先輩たちに言われれば断れないが、若い組合員からみれば、幹部だけの交流については組合費の無駄遣いと映っていたかもしれない。

　日中労交は、2010年1月23日に開催した理事会で平坂事務局長が退任し、前川武志常任理事が事務局長に就任した。世代交代を進めつつ、中華全国総工会の提案に対して、日中労交はどう対応するか本格的に議論することになった。長年日中労交の活動を担ってきた先輩たちには「総工会が交流中止を提案すること自体ががけしからん。総工会再建前から日中交流を続けてきた日中労交を何と心得ているのか」という総工会非難論もあった。感情論はともかく、井戸を掘った世代のあとの世代として、これからどういう運動をつくって中国と交流するのかと冷静に考えてみなければならなかったわけだが、議論はなかなか進まなかった。日中労交の役目は終わったのだから解散してはどうかという解散論も提案された。しかし、大勢は、日中労交は絶対に解散させてはならないという意見だった。では、何をするのか、どう継承するのか、だれも提案することなく時間が過ぎた。2012年2月4日に開かれた理事会で、今まで解散を主張していた伊藤は、労働者交流に限定せず、組織対象を一回り大きく、市民運動の活動家や学者、弁護士なども入れた、中国の労働問題に関心を持つ人の個人加盟の組織に変えていこうと提案した。護憲連合が平和フォーラムに改組するときの考え方である。他に案がなかったので、結果的に伊藤案が採用され、2013年に日中労働情報フォーラムをつくる

ことになった。

　2012年7月、日中国交正常化40周年を記念して、日中労交の訪中団が、北京、南京、杭州、上海を訪れた。団長：垣沼陽輔副会長、副団長：前田裕晤事務局次長、秘書長：前川武志事務局長をはじめとする8名の訪中団であった。中華全国総工会が招待する日中労交の最後の訪中団であった。垣沼団長は総工会との会談の席上、「日中労交は総評解散以降も日中友好の発展のために活動してきた。先輩たちの活動の足跡を『誓いの碑』として南京紀念館に残すことができた。この間の総工会の協力に感謝する。歴史を鏡とし、発展目覚ましい中国経済を支える労働者との連帯を強化するために、日中労交を継承発展させる新しい活動に踏み出すことにした」とあいさつした。総工会の歓迎宴で江広平書記処書記はあいさつの最後で「両組織の関係が末永く続くことを願っている」と述べた。あとで王明然処長に日本との交流について聞くと「総工会が交流している日本のナショナルセンターは連合と全国労働組合総連合（全労連）である。全労協からは交流の申し入れを正式に受けたことがない」という返事だった。前田裕晤は2012年8月17日に全労協議長にあてて中華全国総工会と全労協との交流を提案しているが、どこまで全労協で議論されたか不明である。前田提案に対しては、全労協に加盟していない労働組合からは反対意見があった。訪中団は、中国国際交流協会を訪問し、劉凱陽副秘書長、王琳アジア・アフリカ・オセアニア処副処長と懇談した。また、南京紀念館を訪れ、陳俊峰副館長と懇談した。「誓いの碑」は、急いで作ったため台座が整備されていなかったので、台座を整備するよう要請した。江蘇省総工会、浙江省総工会、上海総工会と懇談し帰国した。日中国交正常化40周年を記念するにふさわしい旅だった。

2 日中労働情報フォーラムの結成

　日中労交は、日中労働情報フォーラムの結成に向けて、日中の労働問題を扱う組織として勉強を始めた。2010年10月17日には、「日中労働セミナー：グローバル化した労働市場」を東京で開催した。大阪市立大学大学院の李捷生教授から「中国の労働市場の二重構造」について、全統一労働組合の鳥井一平書記長から中国からの研修生の実態、全日本建設運輸連帯労働組合の垣沼陽輔近畿地本委員長から関生支部の闘いについて報告があった。

　日中労働情報フォーラムの結成総会は、2013年6月1日に開かれた。日中

関係が多方面にわたって盛んに交流が行われるようになった現在、日中労働者の相互訪問を軸とした交流は一定の役割を終えたとし、今後は日中労働者事情に焦点をあてた労働者交流の継続を図ることにした。具体的には、幅広く、中国における労働者の状況、労働運動の状況、日本における中国人労働者の状況などに関する情報を収集、交換、共有し、中国労働者への理解を深めることによって、日中労働者階級の友好と連帯を図ることにした。

組織は個人加盟制にし、支部は廃止した。宮城支部は日中労交宮城と名称を変更し、独自に吉林省総工会と交流することにした。また、郵送費を節約するため機関誌を廃止した。メーリングリストをつくり会員相互の情報交換ができるようにした。ホームページを開設し、公の場にも発信するようにした。今まで理事会の交通費を支給していたが廃止した。総会の案内や議案は必ず会員全員に配布することとした。このような組織と運営に関する徹底的な改革を行い、組織内の民主化を図った。事務所を東部労組から全港湾に移転した。日中労交という名称は残して中国との交流を続けることにしたが、日本国内では日中労働情報フォーラムと名乗り、中国に行くときは日中労交を名乗るという二枚看板にしたわけである。

会員の再登録を行った。「誓いの碑」を建立し、今後の組織のあり方を検討した時期は、会費徴収を凍結していた。最盛期に1000人近くいた会員は、「誓いの碑」建立当時は200人ほどになり、会費を納入しない、連絡がつかない幽霊会員もかなりの数にのぼっていた。結局再登録した会員は40人ほどであったが、日中労働情報フォーラムはスタートした。

役員は、代表：伊藤彰信（全港湾委員長）、副代表：垣沼陽輔（全日建近畿地本委員長）、事務局長：前川武志（日中労交事務局長）、事務局次長：高幣真公（レイバーネット日本国際部）、運営委員：前田裕晤（『労働情報』発行人）、中岡基明（全国労働組合連絡協議会事務局長）、遠藤一郎（全国一般全国協議会副委員長）、池上文夫（福山市議会議員）、亀谷保夫（日中労交宮城事務局長）、真島勝重（全港湾書記次長）、会計監査：松野菊美（株式会社メディア新日中）であった。

設立趣意書は以下のとおりである。

日中労働情報フォーラム設立趣意書

日本と中華人民共和国（中国）は、一衣帯水の間にある隣国であり、

長い伝統的友好の歴史を有しています。かつて日本は、中国に侵略し、虐殺、破壊、略奪を行い、中国国民に重大な損害を与えました。その責任を痛感し、深く反省し、1972年に日中国交正常化が図られました。いまや日中両国の交流は、あらゆる分野で発展しています。日本の最大の貿易相手国は、いまやアメリカではなく中国です。これからの日本を考える場合、中国との関係を抜きに考えることはできません。

日本と中国の労働者の交流は、日中国交正常化以前から交流を築いてきた労働組合を中心に1974年に日中労働者交流協会が設立されてから、本格的に開始されるようになりました。同協会は、日中両国労働者の人事交流、労働者組織の運動経験の交流、資料文献の交換、学習を通じて日本労働運動の階級的発展をはかり、日中友好、両国労働者階級の友好と連帯の強化推進をはかることを目的にしていました。日中関係が多方面にわたり、盛んに交流が行われるようになった現在、日中労働者の相互訪問を軸とした交流は一定の役割を終えたと言えます。今後は、日中労働事情に焦点をあてた労働者交流の継続をはかることが必要です。

当フォーラムは、幅広く、中国における労働者の状況、労働運動の状況、日本における中国人労働者の状況などに関する情報を収集、交換、共有し、中国労働者に関する理解を深めることによって、日中労働者階級の友好と連帯をはかります。日本の労働者のみならず、中国労働事情に関心のある研究者、中国と交流関係がある方々に参加をいただき、日中労働者の相互理解をはかり、日中友好交流を深化し、両国の平和と繁栄に寄与したいと考えます。

2013年6月1日

日中労働情報フォーラム設立総会

3 南京大屠殺死難者国家公祭への参加

2013年12月13日に行われた南京大屠殺死難者追悼集会に前川武志事務局長が参列した。南京紀念館の候曙光副館長と面談し、「誓いの碑」の台座作成について打ち合わせをした。また、北京に立ち寄り、中華全国総工会国際連絡部の王明然が定年退職したあと後任となった邱麗珍日本処処長にあいさつし、日中労交・日中労働情報フォーラムの連絡担当となることを確認した。

2014年6月8日、日中労働情報フォーラムは第2回総会を開催した。ホームページには中国労働事情の最新ニュースを載せ、『人民日報』のインターネット配信の日本語版である『人民網』の抜粋を載せるなど情報発信を重視するようにした。会員オルグ用のリーフレットを作成した。また学習の強化を目指した。総会の特別講演として明治大学商学部の石井知章教授から「中国における個別的労使関係から集団的労使関係への移行の可能性について」講演を受けた。

　「誓いの碑」建立から5年が経過した2014年12月、団長：伊藤彰信（日中労交副会長、日中労働情報フォーラム代表）、副団長：垣沼陽輔（日中労交副会長、全日建近畿地本委員長）、秘書長：前川武志（日中労交事務局長）をはじめとする7名の訪中団を派遣した。伊藤は2014年9月、全港湾委員長を退任していた。

　訪中団は、12月10日に北京に到着し、11日午前に盧溝橋にある中国人民抗日戦争紀念館を見学した。各展示室は、日本の侵略者が多くの殺戮と破壊を行った事実と中国人民が果敢に戦ったことを示していたが、最後の展示室は、日中国交回復に至る日中友好交流の過程が展示されており、「中国人民は日本人民を恨んではいない」、「歴史を戒めの鑑とし、未来に目を向ける」と書かれている。11日午後、中国職工対外交流センターの彭勇秘書長、李暁波副秘書長、査良青同技術交流処長、宋秀菊副訳審ならびに中華全国総工会の邱麗珍亜太処副処長、孫建福国際組織処処長と懇談した。彭勇秘書長は、日中労交との交流の中国側の窓口は中国職工対外交流センターにすると報告した。中華全国総工会国際連絡部と中国職工対外交流センターの日本関係の責任ある地位の人が顔をそろえていたので、引継式のようでもあった。伊藤団長は、5年前に南京紀念館に「誓いの碑」を建てた際に尽力いただいたこと、今回、南京大虐殺死難者国家公祭に参列できるよう手配していただいたことに感謝し、日中労交も世代替わりしてきているが、日中労働情報フォーラムを立ち上げ中国の労働事情について情報発信をしていること、日中友好を若い人に伝えていきたいと考えていることなどを述べた。懇談では、中国での労働条件が向上し、円安の影響もあって中国から日本への研修生、実習生が減少していること、日中の若い世代がお互いに嫌中感情、反日感情が増しているなかで若い世代の交流が重要であること、中国に進出した日本企業で労働争議が増えているので日本人が中国の労働事情の理解を深めることが必要なことなどについて話し合った。その夜は中国職工対外交流センターの会長であり

南京大屠殺死難者国家公祭 (2013年12月13日)

ILO理事でもある中華全国総工会の江広平副主席が招待宴を開いてくれた。

12日午前は、中国国際交流協会を訪れ、李冬萍理事、王琳アジア・アフリカ・オセアニア処処長、昨年まで駐日中国大使館の参事官であった文徳盛と懇談した。李理事は、日中関係は4つの基本文書によってつくられていること、ひとりっ子政策により中国も少子高齢化社会を迎えつつあること、中国経済が高度成長期から安定成長期へと変化していく時期であり、日中の協力関係も変化する時期に来ている。社会的インフラ整備による投資型のハードな経済協力から、環境対策、省エネ対策など高付加価値の生産やソフトな面での経済協力が必要な段階であると語った。

12日午後は南京に移動した。その晩は江蘇省総工会の王兆喜副主席が招待宴を催してくれた。13日は、江蘇省総工会国際連絡部副部長の羅慶霞さんの案内で南京大屠殺死難者国家公祭に参加した。「誓いの碑」は台座に据えられていた。国家公祭の会場は中国国旗（五星紅旗）の半旗が掲げられていた。幸存者には椅子席が用意されていたが、要人をはじめ出席者約1万人は起立したままであった。訪中団は、外国大使、公使の後ろで、前から7列目だった。式典は、国歌斉唱、黙祷（市内でサイレン、クラクション、汽笛が鳴る）、花輪奉奠、小中学生の朗読による平和宣言、鼎の除幕、習近平国家主席の演説、平和の鐘の打鐘、放鳩と続き、30分ほどで終了した。習主席の演説は「南京大虐殺の犠牲者と抗日戦争に命を捧げた革命烈士を追悼し、過去を忘れず、平和を大切にし、未来を切り開く決意を宣言する。南京大虐殺の悲惨な出来事を改ざんすることはできない。虐殺の事実を認めない人は、歴史に否定さ

れ、世界中の平和と正義を愛する人に否定される。国家公祭を行うことは、過去の恨みを引き伸ばすためではない。中日両国国民は子々孫々に至るまで友好関係を保ち、歴史を鑑とし、未来志向で人類の平和のためにともに貢献していかなければならない」というものであった。訪中団は、その日の午後、上海に移動し、翌日14日に帰国した。

4 日中不再戦の誓いの旅

日中労交の訪中団は、2015年以降「日中不再戦の誓いの旅」と名付けて訪中するようにした。また、総会などでは特別講演を企画して学習活動に力を入れてきた。その経過を当時の活動と共に年を追って紹介する。

第3回総会を2015年5月31日に開催し、NPO移住労働者と連帯する全国ネットワークの代表理事となった鳥井一平を講師に「今すすむ外国人労働者の受け入れとは」と題して外国人研修生・技能実習生問題について学習した。鳥井は、技術研修が外国人労働者の技術向上に貢献する本来の目的からはずれて、外国人労働者の権利を棄損しながら安価な労働力として活用するようになっている実情について経過を追って説明した。2015年の重点活動は映画『ジョン・ラーベ』の上映運動であった。上映運動については節を改めて報告する。「中国経済セミナー」を2015年10月24日、復旦大学日本研究センターの張浩川副教授を迎えて大阪で開催した。この企画では、日本の中国進出企業にも案内を出したがほとんど反応がなかった。第1次「日中不再戦の誓いの旅」は、2015年12月10日に北京に到着。中国国際交流協会との懇談し、中国工運研究所の呂国泉所長の「中国の労働関係について」の講義を受け、故宮博物館や盧溝橋の中国人民抗日戦争紀念館を見学した。12日は高鉄（新幹線）で南京に移動し、13日に国家公祭に参加、14日には新しく開館した利斉巷慰安所旧址陳列館を見学し、蘇州に移動、15日は周荘を見学して、上海から帰国した。

第4回総会を2016年4月16日に開催し、東京の満蒙開拓団を知る会の藤村妙子を講師に「東京の満蒙開拓団」について学習した。第4回総会で若い人の訪中を援助する「日中交流助成基金」を設立した。翌年の第4次訪中団に初めて基金からの助成を受けて青年活動家が参加した。また、7月26日には中国人留学生を招いて「日中労働問題の比較研究」の勉強会を行った。9月30日には、内田雅敏弁護士を講師に「日中友好の展望—平和資源としての三

瀋陽の9・18事変陳列館（2017年7月27日）

菱マテリアル和解」を開催した。第2次「日中不再戦の誓いの旅」は、2016年12月11日に出発し、北京、南京を訪問して15日に上海から帰国した。福山真劫（平和フォーラム共同代表）が個人的資格で参加した。当初の予定になかった中国国際交流協会と懇談の場が設けられ、安保法制成立後の日中関係について意見交換した。福山は団の総括会議で「日本は軍事大国になろうとしている。アジアの平和に対する脅威である。平和運動を担うものとして、南京を訪れ、もう一度原点を確認する意味は大きかった」と述べた。

　第5回総会を2017年5月13日に開催し、内田雅敏弁護士を講師に「一衣帯水＝日中関係の4つの基本文書について」と題する講演を受けた。第3次「日中不再戦の誓いの旅」は、2017年7月25日から30日まで北京、哈爾濱、瀋陽、大連を訪問した。哈爾濱では侵華日軍731部隊罪証陳列館、瀋陽では9・18事変陳列館、撫順戦犯管理所、平頂山惨案遺址紀念館を見学した。第4次「日中不再戦の誓いの旅」は、2017年12月11日から15日まで、北京、天津、南京を訪問した。天津では在日殉難烈士労工紀念館を見学した。日中労交の原点というべき中国人強制連行問題の紀念館を訪れることが出来た。また、江蘇省教育工会と懇談したことも現場交流としての新しい取り組みであった。

　第6回総会を2018年4月14日に開催した。総会では、8月に北京で開催する日中友好労働者シンポジウムの成功に向けて団員の募集、発言内容の検討を行った。なお、日中友好労働者シンポジウムについては節を改めて記述する。第5次「日中不再戦の誓いの旅」は2018年12月11日から15日まで北京、

南京を訪問した。北京では、中国職工対外交流センターの何際霞技術経済交流処長が10月に開催された中華全国総工会第17回全国代表大会について報告した。①労働運動の時代的テーマをめぐって、広大な労働者を団結させ、主人公として積極的に功績を立てる、②労働者の権益を擁護し、労働者にサービスする、③労働組合改革の３点にわたって説明があった。江広平副主席も彭勇秘書長も出張中であったが、張茂華中華全国総工会書記処書記が主催する歓迎夕食会が開かれた。

第７回総会を2019年５月25日に開き、個人加盟に加えて団体加盟を認める会則改正を行った。今までは団体加盟を認めることによって日中労交が組織的に引き回されることを恐れていたが、活動が軌道に乗ってきたこと、若い人を組織し、世代交代を促進し、なおかつ労働者組織を主体としての継続性を維持していくために団体加盟を認めることにした。第７回総会の特別講演は伊藤会長が「日中労働者交流と中国の労働事情」と題して講演を行った。日中労働情報フォーラムを結成してからの活動の総括を行った講演であった。このころ、香港でのデモが激しくなっていた。2018年10月４日にアメリカのペンス副大統領が「中国はアメリカの民主主義に介入している」として関税の引上げなど米中貿易戦争の宣戦布告を行った。トランプ大統領のいう「Make America great again」と習近平主席がいう「中華民族の偉大な復興」が対立を帯びるようになった時期であった。第６次「日中不再戦の誓いの旅」は、2019年８月19日から27日まで北京、哈爾濱、瀋陽、大連を訪問した。旧満洲を訪れた第３次の旅よりも１日長い日程にし、大連に２泊した。大連では日本統治時代の展示がある大連現代博物館を見学するとともに、旅順まで足をのばし、日清戦争時の1894年11月に起きた約２万人の旅順大虐殺の犠牲者を祭った萬忠墓とその紀念館を見学した。

周恩来総理は1972年９月25日の日中国交正常化交渉のため北京を訪れた田中角栄首相歓迎宴で「1894年から半世紀にわたる日本軍国主義の中国侵略によって、中国人民はきわめてひどい災難を蒙り、日本人民も大きな損害を受けました」とあいさつした。「日中不再戦の誓いの碑」には「われわれは1931年および1937年を契機とする日本軍国主義の中国侵略戦争」と書かれている。日中戦争はいつから始まったのかという説はいろいろあるが、1894年から始まったとみるべきだろう[72]。そして、虐殺の歴史も1894年から始まっていることを忘れてはならないだろう。2019年11月30日には「日中労働者交流の歴史

---

72) 1871年の台湾出兵からだという意見もある

旅順の萬忠墓 (2019年8月26日)

と課題」と題して、伊藤会長が学習講演を行った。第７次「日中不再戦の誓いの旅」は、「日中不再戦の誓いの碑」を建てて10年にあたる記念の旅であった。12月11日に上海から南京に入った。この旅にジャーナリストを志す学生が２名参加した。労働現場を見学するため、溧水経済開発区の開沃（スカイウェル）新能源汽車集団有限公司の工場を見学した。また、南京市総工会の職工服務中心（労働者サービスセンター）の職業訓練、起業への貸付、職業紹介、生活支援、インターネットを活用したサービスなどを知ることができた。北京から、中国職工対外交流センターの彭勇秘書長、何際霞技術経済交流処処長も駆けつけて、12日夜の江蘇省総工会の歓迎宴に参加した。また、翌日の国家公祭に参加した。中華全国総工会第17回大会の報告を聞いて、現場交流を希望した日中労交の要望を受けてつくられた日程だった。

5 映画『ジョン・ラーベ』上映運動

　映画『ジョン・ラーベ〜南京のシンドラー〜』は、日本軍の南京侵攻が迫るなか、南京在住の欧米人は中国人が安全に避難できる難民キャンプを設けようと計画し、南京安全区国際委員会をつくった。その委員長となったのがドイツ人のジョン・ラーベであった。安全区は南京城壁内の中心から北西部の官庁や学校、外国人居住者が多い地区に設置され、25か所の難民キャンプには最盛期で７万人を収容し、20万人もの中国人の命を救ったといわれてい

る。非戦闘地帯である安全区では、食糧、医療の提供、難民への資金の貸し付けなど多岐にわたる活動が行われた。日本軍は、1937年12月13日に南京を陥落させ、占領する。その後も日本軍の虐殺、略奪、暴行、強姦が行われる。日本軍の蛮行とラーベの奮闘を描いた映画『ジョン・ラーベ』は、独・仏・中合作による映画で、監督はドイツ人のフロリアン・ガレンベルガー、2009年度のドイツ映画賞で最優秀劇映画作品賞をはじめ4部門の最優秀賞を獲得した映画である。

　南京大虐殺の名誉棄損裁判を支援していたグループが「南京への道・史実を守る会」をつくり、自主上映運動を行っていた。映画『ジョン・ラーベ』についても「南京への道・史実を守る会」がガレンベルガー監督と数年にわたって交渉し、時限的に上映権を得ていた。そのDVDを借り受けることにした。

　労働組合関係者をはじめ、学者、著名人に呼びかけ人になってもらい、実行委員会を組織して半年以上かけて準備をした。「南京事件。世界中が知っている、日本人だけが知らない」というチラシをつくり、インターネットやSNSを活用した宣伝、試写会を行ってマスコミや労組機関紙に映画の記事を書いてもらう、南京大虐殺に関する学習会資料として使える映画のパンフを作成

映画『ジョン・ラーベ』自主上映会のチラシ

する、若い人に歴史を知ってもらいたいと18歳以下の若者と学生は入場無料にするなど、いままでの上映会とはちがう準備を行った。

　上映会は2015年7月20日（月・祝）、日本教育会館一ツ橋ホールで行われた。安倍政権は前年に集団的自衛権は憲法違反ではないと閣議決定し、通常国会に自衛隊が海外で同盟国軍の後方支援を行う安全保障法制案（戦争法案）を提出し、衆議院で強行採決したばかりであった。反対運動の盛り上がりもあって、入場者は予想を超えて急増し、800人収容のホールはあっという間に埋まり、急遽用意した第2会場も230人で満席になった。さらに200人以上が入場できず、お断りする事態になった。後日、入場できなかった方を対象に無料で上映会を行った。上映会は各地で行われ、大阪では7月18日に270人、東京都葛飾区では12月6日に160人、徳島では12月13日に240人の来場者があった。

6 日中友好労働者シンポジウム

　日中平和友好条締結40年を記念して日中労交は中国職工対外交流センターと共催して「日中友好労働者シンポジウム」を2018年8月28日、北京の日壇賓館で開催した。テーマは「歴史を銘記し、未来に目を向け、友好交流を促進しよう」であり、①中日民間交流の歴史、②中日労働組合の重要な活動、③新時代における中日両国労働者の交流と協力の強化というように、「回顧」、「現状」、「展望」の3つのテーマについて、日本側、中国側から合計13名が報告を行った。中国側の参加者は、中国国際交流協会、中国科学技術交流センター、中華全国総工会の宣伝教育部、研究室、労働と経済活動部、女職工部、中国教育科学文化衛生体育工会、中国海員建設工会、中国労働関係学院、工人日報社、中工網、中国職工対外交流センターの代表ら25名、日本側の参加者は、日中労交訪中団15名であった。

　主催者を代表して、中国職工対外交流センターの江広平会長（中華全国総工会副主席、書記処書記）と日中労働者交流協会の伊藤彰信会長があいさつした。第1テーマの回顧＝中日民間交流の歴史についてでは、伊藤彰信（日中労交会長）が「日中労働者交流協会と中華全国総工会の交流の歴史について」、文徳盛（中国国際交流協会参事官）が「中日両国関係の改善における民間交流強化の意義について」、大城航（沖縄高教組那覇支部書記）が「日本人の歴史観及び日本から見た中国について」、周利民（中国教科文衛体工会弁公

日中友好労働者シンポジウム開幕式。江広平中国職工対外交流センター会長（右から3人目）

日中友好労働者シンポジウム参加者集合写真

室主任）が「友好往来を促進し、交流を深めよう」と報告した。第2テーマ
の現状＝中日労働組合の重要な活動についてでは、李睿祎（中華全国総工会
研究室理論処処長）が「中国労働組合の概況及び主な取り組みについて」、広
岡法浄（三重県一般労働組合書記長）が「日本労働組合の主な活動について」、
彭芸（中華全国総工会宣伝教育部職工教育処処長）が「職人の精神を養成し、
全面的に労働者・職員の資質向上を図る」、春川広司（おきたまユニオン書記
次長）が「日本社会の現状と労働運動の役割について」、陳伶浪（中華全国総
工会労働と経済工作部労働模範管理処処長）が「労働模範の精神を学習し、
労働模範の手本と引率の役割を果たす」と報告した。第3テーマの展望＝新
時代における中日両国労働者の交流と協力の強化では、千葉雄也（訪中団秘
書長）が「新しい業態における働き方の変化と労働者保護について」、劉路剛
（中国海員建設工会弁公室主任）が「新業態における道路貨物運輸産業の労働
組合活動の革新について」、甄凱（岐阜一般労働組合第2外国人支部長）が
「有期ローテーション外国人労働者の権利保護について」、劉暁燕（中国科学

技術交流センター副研究員）が「中日科学技術交流と協力について」と報告した。

　シンポジウムは、伊藤会長と彭勇秘書長が総括発言をした。彭勇秘書長は次の３点を強調し、シンポジウムの成功を讃えた。①実情にもとづいた議論を行い、中国職工対外交流センターと日中労交の協力が深まった。②日本各地から様々な職種の方が参加し、中国側も中華全国総工会の各部署、関係産別工会、中国国際交流協会、中国労働関係学院、中国科学技術交流センターなどから参加があり、支援協力が広まった。③テーマに即した真摯な議論を行い、深い印象を与えることができた。

　日中労交にとってこのようなシンポジウムを開催することは初めてのことであった。2017年12月に第４次訪中団が北京を訪れ、中国職工対外交流センターの彭勇秘書長からシンポジウムを開こうと提案を受けた時は、開催出来るかどうか自信がなかったが、日中平和友好条約締結40周年にあたる年に開催する意義は大きいと判断してシンポジウムの開催に向けて努力してきた。３つのテーマに沿って発言者を決め、日本でプレシンポを行って発言内容について事前学習した。

　2018年は朝鮮半島の緊張が緩んだ年であった。４月の南北首脳会談、６月の米朝首脳会談によって、朝鮮戦争の終結と朝鮮半島における恒久的で強固な平和体制の構築、朝鮮半島の完全な非核化を確認された。平和５原則と反覇権を謳った日中平和友好条約の意義を改めて確認できる時であった。また、李克強首相の来日により、日中関係は新段階へステップアップし、新技術の日中協力が進もうとしていた。AIなど技術革新による「第４次産業革命」といわれる時代は、労働者の雇用と働き方をどのように変えていくのか、そのなかで労働者の権益を守るにはどうすればよいのか、これからの日中労働者の交流の重要な課題となってきた。

　シンポジウムの参加者は、地方でユニオン運動を担っている人が多くなった。連合の路線とは異なる平和運動、労働運動を闘っている労働者がいること、中国脅威論を掲げる安倍政権を打倒しようと活動している労働者がいることを強調することができた。また、日本側参加者にとって、中国側の発表だけではなく、日本側の発表についても参考になる情報交換ができた。

　シンポジウムでは、発表を詰め込みすぎて討論時間がなくなり、十分に「研討」[73]することができなかったが、初めてのシンポジウムとしては大成功だっ

---

73)　シンポジウムのことを中国語で「研討」と表現する

た。日中労交の活動の過去、現在、未来を語ったことは、日中労交としても今後の日中労働者の友好と交流をすすめる上で新たな出発点になった。

シンポジウムの前日、中国職工対外交流センターと懇談した際、彭勇秘書長は、10月に開かれる中華全国総工会第17回全国代表大会で議論される内容を紹介した。現在の総工会の取り組みについて、「①経済社会発展の変化に応じて新しい就業形態で働く人が増えているが、その組織化に取り組んでいること。②労働者の権益を守るレベルを高めて、調和的な労働関係の構築に力を入れ、労働模範精神、職人精神の発揚に努力していること。③労働組合の改革を行い、娯楽化、貴族化、行政化、官庁化を取り除くこと。行政のように指示、命令を出せば良いというやり方を改めること。官庁のように９時出勤17時退勤ではなく、労働者のなかに入ること。貴族のように振舞うのではなく、一般の労働者を労働組合の役員に入れること。労働組合はスポーツ、文化活動に重点を置くのではなく、労働者の権益を守る活動を重視すること。④インターネットを利用して若い人にサービスを提供すること。⑤今年の10月に中華全国総工会第17回全国代表大会を開催し、５年間の活動目標の決定、規約の改正、指導部の選出を行うこと」の５点について説明した。総工会が末端組織の活性化に力を入れていることが分かった。

シンポジウム参加者は、北京で人民網（『人民日報』のインターネット版）、京東グループ（無人スーパーなど）の職場見学、さらに中国人民抗日戦争紀念館、故宮、中国国家博物館、藍色港湾（ショッピングモール）の見学をし、中国の歴史、中国の発展する姿を知ることができた。

北京の京東グループ本社にある無人スーパー

第12章
日中労働者交流協会としての再出発

1 『以史為鑑』のインタビュー

　南京紀念館は、友好関係のあった日本人のオーラル・ヒストリーをまとめ、出版していた。張建軍主編『和平之旅―東瀛友人口述史』は南京大屠殺史与国際和平研究院から2018年12月に発行されていた。その続編をつくるため、日中労交の代表を南京に送ってほしいという打診は、2018年12月から寄せられていた。1985年のことを知っている人ということで、平坂春雄、足立実に連絡したが、ふたりとも高齢のため訪中は無理、記憶も定かではないということで辞退した。前田裕晤も健康に自信がないということであった。2019年6月半ばになって南京紀念館から連絡があり「できれば今月中に南京に来てくれないか」というので、急遽、高幣真公事務局次長と伊藤彰信会長が行くことになった。高幣は、『労働情報』・全国労組連第1次訪中団（市川誠団長）の団員として、1985年5月7日に集団虐殺があった江東門に建設中の南京紀念館の工事現場を訪れた。伊藤は2009年12月13日、南京紀念館に建立された市川誠日中労交初代会長の日中不再戦の誓いの碑の除幕式に団長として出席した人物である。

　高幣と伊藤は、2019年6月17日、南京紀念館で同紀念館と日中労交との交流の歴史を語るため南京紀念館でインタビューを受けた。江蘇省職工対外交流センターの盛卯弟がインタビューアーになり、午前、午後、休憩をはさみながら正味3時間ほど行われた。高幣は1985年に市川訪中団の一員として南京を訪れたときの様子を持参した写真を示しながら語り、伊藤は日中労交の歴史を語った。

　インタビューに先立ち、高幣は初めて見る南京紀念館の展示を見学した。その後、南京紀念館の張建軍館長と懇談した。懇談の場には、市川会長が贈った「鎮魂の時計」が置かれており、張館長は、開館前からの古い交流に感謝し、「友好関係の歴史を記録に残し、後世に伝えていきたい」と述べた。南京紀念館は6月19日にウィチャット（インスタントメッセンジャーアプリ）

で「34年前、紀念館開館式典に３名の日本人の友人がいました……」と拡散した。インタビューを収録した凌曦主編『以史為鑒』（日本友人和平実践口述）は、2022年12月、江蘇省鳳凰文芸出版社から発行された。

　高幣と伊藤の２人は、長江沿いの慰霊碑、長江大橋、利

当時の写真を示しながら説明する高幣真公（右）
（南京紀念館のウィチャットより）

斉巷慰安所旧址陳列館、ジョン・ラーベ紀念館、六朝博物館、鄭和公園、南京師範大学を訪れ、南京の歴史に触れるとともに、江蘇省総工会国際連絡部の繆建華部長と、また南京師範大学の林潔敏教授と懇談した。

2 香港問題をめぐる論争

　2019年３月から翌年にかけて、香港ではいわゆる「香港民主化デモ」が広がった。ことの発端は、台湾で発生した殺人事件の犯人が香港に逃亡し、香港警察が逮捕したが、台湾と香港のあいだには犯人引き渡し条約のような規定が存在しなかった。そのため香港政府は、逃亡犯条例改正案を議会に提出したが、改正に反対する運動が盛り上がった。６月には、逃亡犯条例改正案の完全撤回、普通選挙の実現、独立調査委員会の設置、逮捕されたデモ参加者の逮捕取り下げ、民主化デモを暴動とした認定の取り消しの「５大要求」に発展し、６月12日のデモは、主催者発表で200万人が参加したと言われている。７月９日、林鄭月娥行政長官は「改正案は失敗だった」と認め、10月23日に正式撤回した。

　日中労交のホームページに香港職工会聯盟の６月11日付の「天安門事件への声明」が掲載された。「中共政権の専制と独裁を打倒する」という声明が、第２次天安門事件（1989年６月４日）のときの「自主労組」である「北京工人自治連合会」の写真と共に掲載されたのである。伊藤会長は「ホームページは組織の顔である。日中労交が声明を支持しているように受け取られる。すぐさま削除すべきだ」と指示した。情報提供者も「ホームページに掲載してほしいと望んで情報を提供したわけではない」と述べたため、声明は削除

された。しかし、会長の強権的な処置には、「中国における労働事情に関する情報を発信するという日中労働情報フォーラムの趣旨に反するのではないか」、「中国国内の労働者に中央と異なる意見があることを紹介することが問題であるとは思わない」などの反対論が出された。一方、伊藤会長には、「日中労交のホームページには香港情報が多い」とか、「日中労交は反中国組織、反友好組織になってしまったのではないか」という意見が寄せられていた。

中国共産党中央と国務院は、2013年3月「調和の取れた労働関係に関する中国共産党中央・国務院意見」を発表している。労働者のストライキが頻発し、労働現場での問題が明らかになるなかで、労働NPO（240万あったといわれている）が結成され問題解決に動き出していた。「意見」は、中華全国総工会の取り組みは、「生産性の向上、福利の向上、紛争の調停」であったが「紛争解決を行う・不平不満が起きないように現場の意見を吸い上げる仕組みを作り、問題を現場で解決できるようにする。したがって外部のNPOは認めない」というものである。この方針は、2018年の中華全国総工会第17回大会で決定され、全国各地において実践することになった。日中労交内でも、「『意見』は労働者組織は中華全国総工会以外認めないものであり、労働NPO、とりわけ海外とつながりのあるNPOを弾圧するものである」という批判があったが、「意見」が発せられたことを事実として受け止め、第17回大会での4化（官庁化、行政化、貴族化、娯楽化）からの脱却が方針化されているなかで、どうなっていくのかを見ていくことが友好・連帯なのではないかという意見が大勢を占めた。したがって、ホームページへの情報の提供は、友好を損なうような記事は掲載しないという自主規制することを申し合わせた。

2019年8月に第6次訪中団が北京を訪れ、中国職工対外交流センターと懇談した際、日中労交に対して「①正しい歴史観を日本でひろめてほしい。多くの日本人、特に若い人を中国に連れてきてほしい。②ホームページで中国労働運動に関するポジティブな報道をもっと宣伝してほしい」という2つの要望が示された。

日中労交は6月以来、香港問題の議論に特化した運営委員会を開催してきたが、中国職工対外交流センターからの要望を受けて、内部自主規制に留まらず、中国職工対外交流センターに回答をしなければならない立場に立たされた。本来なら臨時総会を開催すべきところであったが、12月の訪中前に要望に対する組織的な結論を出しておく必要があるということになり、運営委員会で決議を採択して決着をつけることになった。運営委員会の議決に関し

て会則では定めがないので、成立要件、決議案の提出手続、採決の方法など
を確認した。

　香港問題を議論する4回目の運営委員会が10月14日に開催された。事前に
決議案を提出したのは伊藤だけであった。伊藤案に反対する意見書が文書で
提出された。修正案は提出されなかった。伊藤案は賛成多数で採択された。
伊藤決議案の骨子は「日中労働情報フォーラムは、中国職工対外交流センタ
ーの要望を全面的に受け入れ、要望に沿うよう最大限の努力をする」、「ホー
ムページには友好関係を損なう記事は掲載しないこととする」、「日中労働者
交流協会と日中労働情報フォーラムとの関係をどう整理するか議論をすすめ、
日中労働情報フォーラム第8回総会で結論を出す」というものであった。

　誰しも中華全国総工会との交流を望んでいたし、①の要望については全員
賛成であった。問題は②の要望についてであった。この要望を否定すること、
あるいは無視することによって交流関係が閉ざされるのではないかとの不安
があった。一方で②の要望は、要望として受け入れればよいことであって、
回答する必要はないのではないか、受け入れを表明することによってかえっ
て日中労交の活動を縛ることになるのではないかということが、賛否の分か
れ目であった。中国職工対外交流センターとの関係を切ってはならないとい
う強い意志が、香港問題に対する様々な意見を超えて勝ることになった。

　伊藤会長は、10月17日に中国職工対外交流センターの彭勇秘書長にあてて、
「10月14日に開催した当協会第4回運営委員会は、2つの要望を全面的に受け
入れ、要望に沿うよう最大限の努力をすることを決議した」ことを報告し、
第7次訪中団の受け入れを要請するメールを送った。

3 日中労交としての再出発

　次の課題は、10・14決議にあるように日中労働情報フォーラムと日中労交の
二枚看板をどう整理するかであった。中国の労働事情に関する情報発信を主
とする日中労働情報フォーラムと日中友好連帯を主とする日中労交の違いが
浮き彫りになったわけで、二枚看板を止めて日中労交に一本化することにな
った。

　2020年7月18日に開催した日中労働情報フォーラム第8回総会で、名称を
日中労働者交流協会に変更し、名称変更に伴う会則等の改正し、新たな趣意
書を採択した。

日中労働者交流協会　趣意書

　日本と中華人民共和国（中国）は、一衣帯水の間にある隣国であり、長い伝統的友好の歴史を有しています。かつて日本は、中国に侵略し、虐殺、破壊、略奪を行い、中国国民に重大な損害を与えました。その責任を痛感し、深く反省し、1972年に日中国交正常化が図られ、1978年には日中平和友好条約が締結されました。いまや日中両国の交流は、あらゆる分野で発展しています。これからの日本を考える場合、中国との関係を抜きに考えることはできません。

　日本と中国の労働者は、1953年以来、細々ではありましたが交流を築いてきました。国交正常化を受けて1974年に日中労働者交流協会（日中労交）が設立され、労働組合による本格的な交流が開始されました。そして、交流は中国の改革開放政策によって大きく進展してきました。しかし、1989年の連合結成にともない、日中間の労働者交流は紆余曲折を経ることになりました。

　当協会は、市川誠初代会長が1985年、侵華日軍南京大屠殺遇難同胞紀念館の開館に際して表明した「日中不再戦の誓い」の精神を引き継ぎ、21世紀におけるアジアの平和と発展に向けて、日本の労働者のみならず、中国労働事情に関心のある研究者、中国と交流関係がある方々にも参加をいただき、日中両国労働者の活動経験の交流、情報の交換を通じて、中国労働者に関する理解を深め、日本と中国の友好、両国労働者階級の友好と連帯をはかります。

　2020年7月18日

　　　　　　　　　　　　　　日中労働者交流協会2020年度総会

　新たな趣意書は、「日中両国労働者の活動経験の交流、情報の交換を通じて、中国労働者に関する理解を深め、日本と中国の友好、両国労働者階級の友好と連帯をはかる」ことを前面に出し、活動の基本精神に「日中不再戦の誓い」を据えたものになっている。

　2020年度総会の特別講演では、東京大学大学院総合文化研究科の外村大教授に「歴史問題の和解を考える」と題して講演をいただき、和解から友好への活動の道を探った。また、2021年5月15日に開催した2021年度総会では、

共同通信社の辰巳知二前中国総局長を招いて「米中対立と日本の対中国政策」
について学習した。

4 コロナによる交流中断時の活動

（1）日中友好集会の開催

　映画『ジョン・ラーベ』上映運動は、2015年8月15日に出されるであろう
安倍首相の戦後70年談話に対抗する運動でもあった。上映実行委員会に参加
した村山首相談話を継承し発展させる会（「村山首相談話の会」）は、2015年
3月には訪中団を派遣し、南京紀念館を訪れていた。

　強制連行され日本で亡くなった中国人労働者の遺骨発掘70周年を記念して
2019年11月19日に東京の芝公園で行われた第2回中国人俘虜殉難者日中合同
追悼のつどいは、実行委員会の主催で行われた。村山首相談話の会の役割は
大きかった。日中労交も実行委員会に参加した。日本で亡くなり中国に帰国
できなかった約6000人の靴を一面に並べ、庭儀（行進）を行って式場に入場
し、追悼のつどいを行った。中国から遺族も参加した。

　日中労交は、村山首相談話の会と協力して実行委員会を組織して、日中友
好の集会を行うようになる。2021年4月16日の菅・バイデンの日米首脳共同
声明は、台湾条項を記載したため、日中友好を謳う集会開催の重要性は強ま
り、計画的に集会を企画していくことにした。9月17日には、満洲事変90周
年緊急集会を開催した。日中国交正常化50周年を迎えた2022年は、4月14日
に緊急集会を、9月28日に日中国交正常化50年記念集会を、2023年8月10日

第2回中国人俘虜殉難者日中合同追悼のつどいの靴ならべ（2019年11月19日）

日中平和友好条約締結45周年記念大集会（2023年8月10日）

には日中平和友好条約45周年記念集会を行ってきた。できるだけ駐日本中華人民共和国特命全権大使にあいさつをいただくことで、情勢認識をはっきりし、友好祝賀の雰囲気を高めるようにした。

（2）国内フィールドワークへの参加

　コロナによって訪中できない間、国内でも行動制限があったが、国内の中国人強制連行に関係する諸集会・フィールドワークに参加するようにした。

　2022年12月17日、日中労交独自のフィールドワークとして東京都大田区にある池上本門寺ツアーを企画した。藤村妙子事務局長が案内人となって、シンガポールのチャンギー殉難者慰霊碑[74]、閔妃[75]殺害の実行犯である岡本柳之助の墓、満洲国軍戦死没者慰霊碑、日本看護婦会慰霊塔[76]などを見て回った。

　9月上旬に関東大震災中国人受難者を追悼する会が主催する中国人受難者追悼式が行われている。日中労交は毎年参加するようにしている。関東大震災で朝鮮人の虐殺があったことは知られているが、800人近い中国人が虐殺されたことはあまり知られていない[77]。1923年9月3日には、軍隊・自警団が中国人300〜400人を銃殺、撲殺した大島町事件（東京都江東区）があった。大

74）　チャンギーには連合軍将兵を収容した捕虜収容所があった。BC級戦犯として処刑された旧軍人・軍属124名（朝鮮人10人、台湾出身者1名を含む）、病死者31名の慰霊碑。

75）　李氏朝鮮26代国王高宗の妃。1895年10月8日、日本守備隊に王宮内で惨殺された。

76）　日本赤十字社はアジア太平洋戦争中、2万9562人の戦時救護看護婦を戦地に派遣した。戦死者1143名の慰霊塔である。

77）　関東大震災時の中国人虐殺に関する本を参考文献に掲載する

関東大震災朝鮮人・中国人虐殺100年犠牲者追悼大会（2023年8月31日）

島町を拠点に中国人労働者の共済活動をしていた王希天は、9月9日に亀戸警察署に逮捕され、9月12日未明、野戦重砲兵第一連隊将校に荒川の逆井橋ふもとで密殺された。2023年は関東大震災から100年であった。日中労交も呼びかけ人になって実行委員会をつくり、8月31日に関東大震災朝鮮人・中国人虐殺100年犠牲者追悼大会を1800名の参加者を集めて開催した。

2022年からは、6月30日に行われる花岡事件の慰霊式に参加するようにした。2023年には、3月に長野県阿智村にある満蒙開拓平和記念館[78]を訪れた。10月は大阪の彰往察来碑の前で行われる慰霊式に、広島安野で行われる追悼式に参加した。11月には埼玉県川越市にあるNPO中帰連平和記念館[79]を訪れた。

（3）日中国交正常化50周年の学習活動

対面での学習会の開催が困難ななか、会員の意思疎通を図るため、オンラインによる雑談会である「日中友好カフェ」を開催した。2022年を迎えて日中共同声明の学習に重点を移すようになった。2022年2月にウクライナ戦争が勃発した後は、日本国憲法第9条の意味と世界平和をいかに構築していくかが課題になった。2022年度総会のあと、伊藤会長が「日中共同声明を発展させ、日本国憲法にもとづく国連憲章の改正を」と題して、米中対立、「新たな冷戦」といわれる世界情勢のなかで、日中友好運動をどう発展させるのか

78）満蒙開拓団の活動、満洲からの引揚げの資料を展示している。

79）中帰連の活動資料を集めた記念館。初代館長は仁木ふみ子（元日教組婦人部長）。

問題提起を行った。「戦争を犯罪としたパリ不戦条約では第2次世界大戦を防げなかった。国連憲章は戦勝国の武力のバランスによる平和維持でしかない。日本国憲法第9条の核心は戦力不保持である。『人間の安全保障』とは構造的暴力を生み出す貧困や差別をなくすことである。国連総会は2016年に『平和への権利宣言』[80] を採択した。この宣言は、社会的平和構築による『恐怖と欠乏からの自由の保障』、日本国憲法の『平和的生存権』の考え方を採用した。『平和への権利宣言』を発展させた『平和への権利条約』をつくり、武力によらない世界平和を実現すべきである」と述べた。日本の反戦平和運動をどう評価するか、日本国憲法第9条を守る意味をめぐって大学習討論会となった。

　伊藤は、その場で日中労交の「3つのならない」を提起した。①政治団体にならない＝会員の政治的立場は尊重する、②運動体にならない＝会員がそれぞれの持ち場で運動する、③事業経営はしない＝研修生、実習生、留学生などの受け入れ事業団体などにならない、というものである。

　日本の平和運動では、2015年5月に「戦争させない・9条壊すな総がかり行動実行委員会」(総がかり行動) が結成された。戦争させない1000人委員会、解釈で憲法9条を壊すな！実行委員会、戦争する国づくりストップ！憲法を守りいかす共同センターを連絡先にしており、平和フォーラム、市民連合、全労連の結集体であり、野党共闘の母体である。そのスローガンは「戦争、原発、貧困、差別を許さない」である。日中労交は、かつての総評・社会党ブロック内の中国派という性格をもつものではなく、野党の多党化、労働戦線の分裂という状況のなかで、日中友好活動を行う労働者を中心とした大衆団体であるという性格付けを強調し、趣意書に賛同する者であれば選別排除はしないとしたのである。

5 日中友好の新しいチャンス

　コロナ流行時の活動のなかでも重要な会議は、日中国交正常化50周年を記念して、2022年10月26日に北京と日本を結んで開催された日中オンライン会議「中日国交正常化50周年と中日協力の新たなチャンス」である。中国国際交流協会の主催で開かれた会議は、王琳（中国国際交流協会研究員）の司会で始まり、最初に金瑩（中国社会科学院日本研究所日本社会研究室副主任）

---

80)　2016年12月19日、国連総会で賛成131、反対34、棄権19で採択された。米、英、仏などイラク有志連合の諸国と日本は反対した。中国、ロシア、インド、ブラジル、インドネシアなどが賛成した。

が「日中友好の使命は終わったという人がいますが、平和5原則、覇権を求めない日中共同声明の精神を実現することはいまこそ必要です。若者の交流を促進し、平和、協力、発展の関係をつくりましょう」と発言した。

　中国側の発言者は、王永利（中国教育国際交流協会副会長兼秘書長）、日本側の発言者は、日中友好団体が6団体であった。うち運動系の団体から、西澤清（自主・平和・民主のための広範な国民連合代表世話人）、伊藤彰信（日中労働者交流協会会長）、金子哲夫（原水爆禁止日本国民会議共同議長、元衆議院議員）が発言した。

　金子は、「1955年の原水爆禁止世界大会に国交のない中国から代表が参加し、被爆者に5万元（当時の日本円で720万円）を寄付したこと。その一部を被爆者医療のために広島市に寄付したこと。それもきっかけのひとつとなって原爆医療法が成立したこと」を話し、「中国は核先制不使用宣言を核保有国のなかで唯一行っているのだから、核拡散防止、核兵器禁止のリーダーシップをとってほしい」と発言した。

　最後に、劉洪才（中国国際交流協会副会長、中国政治協商会議外事委員会副主任）が「孔子は『50にして天命を知る』と言いました。日中国交正常化50周年にあたり『天命』を知ってこれからの50年の日中関係の新しい道を選ばなければなりません。第1に、友好交流をさらに深めることです。第2に、社会制度の相違があるにもかかわらず平和友好関係を樹立したわけですから、社会制度を乗り越える平和友好関係を築くべきです。第3に、信義と約束を守るべきです。4つの基本文書による日中関係を続けるべきです。中国は多国間主義、自由貿易を進めます。第4に、初心を忘れず、友好の心を固めることです。中国は、平和の道を歩み、世界の発展に協力します。新たな友好をつくるチャンスです。民間交流を促進しましょう」と総括発言をした。

　なお、この会議での伊藤の発言は以下のとおりである。

　中国国際交流協会が、日中国交正常化50周年を記念して、このようなオンライン会議を開催していただいたこと、発言の機会をいただいたことに感謝申し上げます。また、中国共産党第20回全国代表大会が成功裏に開催され、社会主義現代化強国建設に向けた方針の確立と習近平総書記を中心とする指導体制を確立したことをお祝い申し上げます。

　日中労働者交流協会は、日中国交正常化を受けて、1974年に日本と中国の両国労働者の友好連帯を築くために結成されました。初代の会長は

市川誠総評議長、事務局長は兼田富太郎全港湾委員長です。26産別労組、9地方労組組織が参加しました。結成当時は文化大革命の時期でした。中国革命の精神と中国の社会主義建設を学ぶため、中国を訪問し友好交流を行ってきました。また、産別や地方の労働組合の中国交流の窓口の役割を果たしてきました。改革開放時代になって、再建された中華全国総工会との相互交流を実現するとともに、技術交流も始めました。

1985年8月15日に侵華日軍南京大屠殺遇難同胞紀念館の開館式典に市川会長が出席し、南京大虐殺犠牲者の冥福を祈り、日中不再戦の誓いを刻んだ「鎮魂の時計」を南京市に寄贈しました。その後、1989年に総評が解散して団体会員がいなくなり、天安門事件の影響があって個人会員も減少しました。私たちは、日本軍国主義の中国における侵略遺跡の訪問、日本での南京展、731部隊展、毒ガス展などを開催してきましたが、会員も高齢化し、活動は縮小するばかりでした。そこで、市川初代会長の「日中不再戦の誓い」を刻んだ碑を南京紀念館に建立することにしました。南京紀念館の建て替えもあって遅れましたが、中国国際交流協会のお力添えもあって、2009年12月13日に「誓いの碑」の除幕式を行うことができました。

日中労働者交流協会は、碑の建立を区切りとして会員の再登録を行い、再出発しました。この10年間の活動は、「井戸を掘った人」の次の世代、日中戦争を知らない世代の活動です。労働者を軸としながらも、幅広く会員を募り、日中友好交流を続けることにしました。再出発したときの会員も次第に減少し、今では会員のほとんどは碑を建てたあとに会員になった人です。

南京大屠殺死難者国家公祭が2014年から始まります。日中労働者交流協会は、国家公祭に毎年参加するようにしました。日中労働者交流協会は中華全国総工会と交流してきましたが、この年から中国職工対外交流センターが交流窓口となりました。そして、中国国際交流協会とも交流を重ねることができました。日中関係の4つの基本文書を紹介する本を内田雅敏弁護士とともに発行しました。日本で公開されていない映画『ジョン・ラーベ』（中国題名「拉貝日記」）を自主上映しました。日中平和友好条約40周年を記念して、北京で中国職工対外交流センターと一緒に「歴史を銘記し、未来に目を向け、友好交流を促進しよう」をスローガンに日中友好労働者シンポジウムを開催しました。

この10年間は、日中関係が悪化した時期でした。私たちの活動を大きく広げることはできませんでした。若い人を南京に連れていくことによって、少しずつ会員を増やし、何とか活動を維持してきたわけです。

　振り返ってみれば、日中関係の変化や労働運動の状況が、私たちの組織や活動に大きく影響していることを知りました。

　新型コロナウイルス感染症の流行で、もう2年以上、中国を訪れることができていません。そのようななかで、今年、日中国交正常化50周年を迎えることになりました。昨年4月の日米首脳共同声明で台湾海峡について触れたことに、私たちは大きな懸念を抱きました。他団体とも協力して、9月には満洲事変90周年集会を開催し、中国侵略をどのように行ってきたのか学習しました。今年になって、ウクライナ戦争が勃発し、「台湾有事は日本有事」と声高に叫ばれるようになりました。中国の脅威を煽る動きに対抗して、4月に緊急集会を、そして9月28日に日中国交正常化50周年記念大集会を開催してきました。

　日中共同声明に記されている「中華人民共和国政府が中国の唯一の合法政府であること」、「台湾が中華人民共和国の領土の不可分の一部であること」、「両国間の恒久的な平和友好関係を確立すること」、「すべての紛争を平和的手段により解決し、武力又は武力による威嚇に訴えないこと」、さらに、日本国に対する戦争賠償の放棄は「日中両国民の友好のため」であること、「日中両国間には社会制度の相違があるにもかかわらず、両国は、平和友好関係を樹立すべきであり、また、樹立することが可能である」ことの意味を再度学習しました。

　日中労働者交流協会の活動は、過去、現在、未来に対する視点をもつようにしています。

　過去については、正しい歴史認識をもつことが必要です。周恩来総理は、1972年9月26日、田中角栄首相の歓迎夕食会で「1894年から半世紀にわたる日本軍国主義の中国侵略によって、中国人民はきわめてひどい災難を蒙り、日本人民も大きな損害を受けました」とあいさつしました。私たちは、日本軍国主義の侵略遺跡の訪問地に1894年に大虐殺を行った旅順を加えることにしました。来年は1923年の関東大震災から100年にあたります。関東大震災では、6000人以上の朝鮮人、800人近くの中国人が虐殺されました。手を下したのは日本人民です。「日中不再戦の誓い」には「日本軍国主義の中国侵略戦争を労働者人民の闘争によって阻

止し得なかったことを深く反省し」という文言があります。なぜ日本人民は日本軍国主義の暴走を許したのか。日本人民が持っている民族排外主義、中国人、朝鮮人への差別・蔑視を反省しなければ、戦争を阻止することはできないと考えています。

　現在については、軍事衝突を阻止し、平和を構築することです。日本人の約9割は中国を嫌っています。日本の防衛省は中国を仮想敵国として扱っています。政府は、今年中に安全保障3文書を改定し、敵基地攻撃能力を保持し、軍事費を倍増していく予定です。いわゆる「抑止力強化」は「武力による威嚇」であり、平和をもたらすものではありません。日本国憲法にも、国連憲章にも、日中共同声明にも反することです。日本と中国の軍事的衝突の可能性をいかに縮減するのかが、問われていると思います。一番の安全保障は、米中対立を煽るアメリカに与するのではなく、日米同盟から脱して、隣の国と仲良くすることです。

　未来に向けては、平和で豊かな世界を築くための展望を共有することです。新自由主義がもたらした貧困と格差・差別をなくすために、グローバルな人類的な目標を掲げて世界の労働者が団結して努力する必要があると思います。戦争の原因となる「構造的暴力」をなくすこと、すなわち、社会が生み出す貧困・飢餓や差別・格差などをなくさなければなりません。国連は、人々の生存、生活、尊厳にもとづく「人間の安全保障」を提唱しています。国連は持続可能な開発目標（SDGs）を定め、世界から貧困をなくし、ひとりも取り残されないようにしようとしています。中国も、貧困と格差、少子高齢化、技術革新と雇用など、日本と共通の課題を抱えています。「新常態」という低成長の時代に「共同富裕」をいかに実現していくのか、社会主義現代化国家の建設に注目しています。「未来に目を向け」た若い人たちの交流を促進し、「民を以て官を促す」ようにしたいものです。

　最後になりますが「日中不再戦の誓い」の文言を引用して、私たちの決意の表明としたいと思います。「われわれは、日中不再戦、反覇権の決意を堅持し、子々孫々、世々代々にわたる両国労働者階級の友好発展を強化し、アジアと世界の平和を確立するため、団結して奮闘することをあらたに誓います」

　ご清聴、ありがとうございました。

南京師範大学の学生と交流

　2023年12月11日から15日まで、４年ぶりに学生を含む第８次「日中不再戦の誓いの旅」訪中団（伊藤彰信団長）６名が、北京と南京を訪れた。北京では着任したばかり張広中国職工対外交流センター秘書長と懇談した。13日には南京大屠殺死難者国家公祭に出席した。コロナが流行していた時期には、規模が縮小され、海外代表はほとんど参加していなかった。海外参加者は４年ぶりに参加したわけだが、参加者層も若返り、隣との間隔を空けたためか全体参加者数も思ったより増えていなかった。南京大虐殺の幸存者は現在では38名である。南京大虐殺の歴史を若い人に伝えていくという演出がなされているように感じた。訪中団は南京師範大学[81]を訪問し、日本民間反戦記憶に関する多分野研究をすすめている林敏潔教授と学生たちとも交流した。

　今を日中友好の新しいチャンスとして捉え、若者交流、民間交流を促進していかなければならない。結成50年を迎えた日中労交は、日中戦争を「労働者人民の闘争によって阻止し得なかったことを深く反省し」、「台湾有事」を絶対に阻止するために、「日中不再戦、反覇権の決意を堅持し、子々孫々、世々代々にわたる両国労働者階級の友好発展を強化し、アジアと世界の平和を確立するため、団結して奮闘することをあらためて誓う」ものである。

81）　旧金陵女子文理学院。南京安全区国際委員会で活躍したミニ・ヴォートリンの胸像がある。

資料

日中労交50年のあゆみ年表

2024年2月23日作成

年月日	日中労交・日中関係の出来事	中国・世界の出来事
1949.10.1		中華人民共和国成立
1949.10	花岡蜂起犠牲者遺骨発見	
1950.6.25		朝鮮戦争勃発
1950.7.11	総評結成大会	
1950.10.1	日中友好協会設立	
1951.3.10	総評第2回大会、平和4原則を決定、国際自由労連加盟を否決	
1951.9.28		サンフランシスコ講和条約 日米安保条約
1952.4.28		日華平和条約（日台条約）
1952.6.1		日中民間貿易協定
1952.12.1	中国紅十字会、残留日本人帰国支援を発表	
1953.2.17	中国人俘虜殉難者慰霊実行委員会結成	
1953.3.5	中国政府・帰国3団体が合同コミュニケ。残留日本人帰国事業（1958.7まで）	
1953.3.14	兼田富太郎、帰国第1船に乗船	
1953.4.1	中国人俘虜殉難者合同慰霊祭	
1953.7.2	在日殉難労工遺骨送還事業（1964.11まで）	
1953.7.27		朝鮮戦争休戦協定
1954.4.29		中印協定、平和5原則
1955.4		アジア・アフリカ会議（バンドン会議）、平和10原則を確認
1955.5.1	総評代表団（団長：高野実事務局長）、中国メーデー参加	
1956.4.25	中国政府、日本人戦犯への寛大処置を決定	
1956.7.3	日本人戦犯帰国	
1956.10.14	中国帰還者連絡会（中帰連）結成	
1958.5		中国、大躍進運動
1958.5.2	長崎国旗事件	
1959.3.12	浅沼社会党書記長「米帝は日中共同の敵」と演説	
1959.9		米ソ首脳会談、米ソ平和共存
1960.1.19		新日米安保条約調印
1960.4		第1回非同盟諸国首脳会議
1962.11.9	「日中長期総合貿易に関する覚書」を締結（通称LT協定）	
1963.7		中ソ公開論争
1963.10.4	中日友好協会設立（会長：廖承志）	
1964.8.2		トンキン湾事件、ベトナム戦争本格化

年月日	日中労交・日中関係の出来事	中国・世界の出来事
1964.10		中国、原爆実験
1965.2〜3		米、北爆全面開始
1965.6.22		日韓条約調印
1966.5		中国、プロレタリア文化大革命
1966.10.21	総評、ベトナム反戦スト	
1966.10.26	日中友好協会分裂	
1966.12		国連、国際人権規約採択
1967		中華全国総工会が機能停止
1968.5.13		ベトナム戦争のパリ和平会談始まる
1970.7.7	華青闘（華僑青年闘争委員会）告発	
1970.8	総評第40回大会、「日中国交回復、中国の国連での正当な地位の回復、日台条約の廃棄」を決議	
1971.2.26	日中国交回復国民会議発足	
1971.6〜7	総評訪中団（団長：岩井章顧問、副団長：兼田富太郎副議長）	
1972.1	総評・中立労連訪中団（団長：市川誠総評議長、副団長：阿部中立労連議長）	
1972.2		ニクソン米大統領訪中
1972.9.29	日中共同声明調印	
1973.1.15		ベトナム和平協定調印
1974.8.21	日中労働者交流協会設立	
1975.4.30		サイゴン解放
1976.1.8		周恩来総理死去
1976.9.9		毛沢東主席死去
1976.10.6		「四人組」逮捕、プロ文革終焉
1978.8.12	日中平和友好条約調印	
1978.10.11		中華全国総工会第9回大会
1978.10.17	靖国神社、A級戦犯合祀	
1978.12		中国、改革開放政策
1980.2.29	中国厨房設備製造技術研修団協定書調印	
1982.2	日中労交事務所を国労会館から文京区小石川の市川事務所に移転	
1982.6.26	文部省、教科書検定で「侵略」を「進出」と書き換え	
1983.6		中国、ILO復帰
1984.1.19	家永教科書裁判第三次訴訟提訴	
1984.10.1	3000人の日中友好青年交流、国慶節に参加	
1984.12	中国職工対外交流センター設立	
1985.2.21	南京紀念館着工	
1985.3.29	兼田富太郎事務局長死去	

年月日	日中労交・日中関係の出来事	中国・世界の出来事
1985.5.7	『労働情報』・全国労組連訪中団、南京・江東門万人坑見学	
1985.8.15	侵華日軍南京大屠殺遇難同胞紀念館開館。市川会長出席 中曽根首相、靖国神社公式参拝	
1986.6.10	市川会長、「誓い」の銅板と南京大虐殺関係図書を南京紀念館に寄贈	
1986.9.16	日中勤労者交流センター設立。1988年11月、日中技能者交流センターに改称	
1987.7.7	『労働情報』・全国労組連訪中団、北京・盧溝橋の中国人民抗日戦争記念館開館式典に出席	
1987.12.13	大阪で南京大虐殺50年集会	
1989.6.4		天安門事件
1989.11.21	総評解散。連合結成	
1991.1.15	『日中労働者交流』を休刊。日中労交の新体制を確立	
1992.2.15	『日中労働者交流』を復刊	
1992.4.3		中国労働組合法成立。旧法は廃止
1992.4	日中労交の事務所を葛飾区青戸の東部労組に移転	
1992.10		中国、社会主義市場経済政策
1992.12	規約を改正し、名誉会長、常任理事を設ける	ソ連崩壊
1994.1	吉岡徳次、日中労交会長に就任	
1995.6.28	花岡事件提訴	
1995.8.15	村山首相談話	
1995.8.17	南京事件提訴	
1996.9	東京で「毒ガス展」開催	
1997.7.1		香港、中国に返還
1997.8.13〜15	南京大虐殺国際学術シンポジウム（南京）	
1997.12	大阪で南京大虐殺60年シンポジウムを開催。『南京1937』上映運動	
1998.2.16	大阪中国人強制連行受難者追悼実行委員会結成	
1998.11.26	日中友好パートナーシップ共同宣言	
1999.5.21	市川誠名誉会長死去	
1999.10.14	武生コンフィクソン協同組合の青木理事長による中国人研修生への暴行事件	
2000.11.29	花岡事件、東京高裁で和解	
2001.8.13	小泉首相、靖国神社参拝	
2001.11		中国、WTO加盟

年月日	日中労交・日中関係の出来事	中国・世界の出来事
2002.3.24〜4.10	ひょうご731部隊罪証展	
2002.4.20	中帰連解散、撫順の奇跡を受け継ぐ会発足	
2002.9.18	平坂事務局長、731部隊罪証陳列館に歴史遺産登録募金を手渡す	
2002.12.9〜	「南京・閉ざされた記憶」展を神戸をはじめ兵庫県内で開催	
2005.1.24	日中労交理事会、市川前会長の遺筆による記念碑建設運動を確認	
2005.2.16	吉岡徳次会長死去	
2005.10	「彰往察来」除幕式	
2007.1.20	元木末一、日中労交会長に就任	
2007.12.13	南京紀念館改装オープン	
2008.5.7	戦略的互恵関係の日中共同声明	
2009.10.23	西松建設安野事件和解	
2009.12.13	「日中不再戦の誓いの碑」除幕式	
2010.1.23	前川武志、日中労交事務局長に就任	
2010.9	尖閣諸島沖で中国漁船衝突事件	
2012.9	日本政府、尖閣島を国有化	
2013.6.1	日中労働情報フォーラム設立。事務所を全港湾に移転	
2013.12.26	安倍首相、靖国神社参拝	
2014.12.13	南京大屠殺死難者国家公祭、伊藤副会長参加	
2015.7.20	東京で『ジョン・ラーベ』上映会	
2015.9.19	安保法制成立	
2015.10.10	ユネスコ、南京大虐殺を世界記憶遺産に登録	
2015.12.1	南京利済巷慰安所旧址陳列館開館	
2016.6.1	三菱マテリアル事件和解	
2016.12.19		国連、「平和への権利宣言」を採択
2017.12.24	元木末一会長死去	
2018.4.14	伊藤彰信、日中労交会長に就任	
2018.8.28	日中友好労働者シンポジウム（北京）	
2018.10.30		韓国大法院、日本企業に韓国人元徴用工へ賠償を命じる判決
2019.5.25	藤村妙子、日中労交事務局長に就任	
2019.6.17	南京紀念館で『以史為鑑』のインタビュー収録	
2020.7.18	日中労働情報フォーラム、日中労働者交流協会に名称変更	
2022.10.26	オンライン会議「日中国交正常化50周年と中日協力の新たなチャンス」	

中国人強制連行・強制労働事件の経過一覧表

❶花岡事件（秋田県花岡鉱山の河川改修工事、連行被害者数は986人）

被告：鹿島組（現・鹿島建設。国は被告でない）

原告：11人（生存者）

1995年6月28日　提訴（東京地裁）

1997年12月10日　東京地裁敗訴

2000年11月　東京高裁で和解成立

※和解内容：連行被害者986人が対象。鹿島建設は中国紅十字社に5億円拠出、信託。被害者への支払い、遺族の慰霊、追悼等に当てるとする。

❷劉連仁訴訟（東京第1次訴訟、北海道明治鉱業・昭和鉱業所に連行され、脱走して13年間、北海道で逃亡を続けた事件、連行被害者は200人）

被告：国

原告：1人（劉連仁本人）

1996年3月25日　提訴（東京地裁）

2001年7月12日　東京地裁勝訴

※賠償額2000万円を認める。ただし戦時中の強制連行については国家無答責を理由に認めず、戦後の国の対応について認める。

2005年6月23日　東京高裁敗訴

2007年4月27日　最高裁敗訴

❸東京第2次訴訟（全国各地で使役された事件）

被告：国、間組（現・ハザマ）、古河鉱業（現・古河機械金属）、鉄道建設興業（現・鉄建建設）、西松組（現・西松建設）、宇部興産、藤田組（現・同和ホールディングス）、日鉄鉱業、飛島組（現・飛島建設）、日本鉱業（現・新日鉱ホールディングス）、三菱鉱業（現・三菱マテリアル）

原告：42人

1997年9月18日　提訴（東京地裁）

2003年3月11日　東京地裁敗訴（国家無答責は否定）

2006年6月16日　東京高裁敗訴

2007年6月12日　最高裁敗訴

2010年4月26日　和解成立

※和解内容：広島安野訴訟に関連し、西松建設との間に信濃川作業場に関する連行被害者全員183人について和解が成立。和解金1億2800万円。

❹長野訴訟（長野県木曽谷などの水力発電所工事）

被告：国、鹿島建設、熊谷組、大倉土木（現・大成建設）、飛島組（現・飛島建設）

原告：7人

1997年12月22日　提訴（長野地裁）

2006年3月10日　長野地裁敗訴

2009年9月17日　東京高裁敗訴

2010年2月24日　最高裁敗訴

❺広島安野訴訟（広島県安野水力発電所工事、連行被害者は360人）

被告：西松組（現・西松建設。国は被告でない）

原告：5人（被害者・遺族）

1998年1月16日　提訴（広島地裁）

2002年7月9日　広島地裁敗訴

2004年9月29日　広島高裁勝訴（1人550万円）

2007年4月27日　最高裁敗訴（付言がつく）

2009年10月23日　和解成立

※和解内容：最高裁付言にもとづき、被害者全員360人を対象とする和解が成立。和解金2億5000万円。

❻京都大江山訴訟（大江山ニッケル鉱山での強制労働、連行被害者は200人）

被告：国、日本冶金（現・日本冶金工業）

原告：6人

1998年8月14日　提訴（京都地裁）

2003年1月15日　京都地裁敗訴

2004年9月29日　大阪高裁で原告6人につき企業とのみ和解成立（1人350万円）

2006年9月27日　大阪高裁、国に敗訴

2007年6月12日　最高裁、国に敗訴

❼新潟訴訟（新潟港での港湾荷役、連行被害者は901人）

被告：国、新潟臨港開発（現・リンコーコーポレーション）

原告：12人

1999年8月31日　提訴（新潟地裁、3回に分けて提訴）

2004年3月26日　新潟地裁勝訴（1人800万円）

2007年3月14日　東京高裁敗訴

2008年7月4日　最高裁敗訴

❽北海道訴訟（各地炭鉱労働）
被告：国、三井鉱山（現・日本コークス工業）、住友石炭鉱業（現・住石マテリアルズ）、熊谷組、新日本製鐵（現・新日本住金）、地崎組（現・岩田地崎建設）、三菱鉱業（現・三菱マテリアル）
原告：43人
1999年9月1日　提訴（札幌地裁）
2004年3月23日　札幌地裁敗訴
2007年6月28日　札幌高裁敗訴
2008年7月8日　最高裁敗訴

❾福岡第1陣訴訟（炭鉱労働、事業場は三井三池炭鉱、田川炭鉱など多くに分かれている）
被告：国、三井鉱山（現・日本コークス工業）
原告：15人
2000年5月10日　提訴（福岡地裁）
2002年4月26日　福岡地裁、三井鉱山に勝訴（1人1100万円）
2004年5月24日　福岡高裁敗訴
2007年4月27日　最高裁敗訴

❿群馬訴訟（利根川の水力発電所工事など）
被告：国、間組（現・ハザマ）、鹿島組（現・鹿島建設）
原告：48人（被害者・遺族）
2002年5月27日　提訴（前橋地裁）
2007年8月29日　前橋地裁敗訴
2010年2月9日　東京高裁敗訴
2011年3月1日　最高裁敗訴

⓫福岡第2陣訴訟（炭鉱労働）
被告：国、三井鉱山（現・日本コークス工業）、三菱鉱業（現・三菱マテリアル）
原告：45人
2003年2月28日　提訴（福岡地裁）
2006年3月29日　福岡地裁敗訴
2009年3月9日　福岡高裁敗訴
2009年12月24日　最高裁敗訴

⓬長崎訴訟（三つの炭鉱での強制労働）
被告：国、長崎県、三菱鉱業（現・三菱マテリアル）、三菱重工
原告：10人
2003年11月28日　提訴（長崎地裁）
2007年3月27日　長崎地裁敗訴
2008年10月20日　福岡高裁敗訴
2010年1月6日　最高裁敗訴

⓭宮崎訴訟（三菱槙峰銅鉱山での強制労働、連行被害者は250人）
被告：国、三菱鉱業（現・三菱マテリアル）
原告：13人
2004年8月10日　提訴（宮崎地裁）
2007年3月26日　宮崎地裁敗訴
2009年3月27日　福岡高裁宮崎支部敗訴
2010年5月27日　最高裁敗訴

⓮山形酒田訴訟（山形県酒田港での港湾荷役、連行被害者は338人）
被告：国、酒田港湾運送（現・酒田海陸運送）
原告：12人
2004年12月17日　提訴（山形地裁）
2008年2月12日　山形地裁敗訴
2009年11月20日　仙台高裁敗訴
2011年2月18日　最高裁敗訴

⓯石川県七尾訴訟（七尾港での港湾荷役）
被告：七尾海陸運送（国は被告でない）
原告：4人
2005年9月・2006年12月　提訴（金沢地裁）
2008年10月31日　金沢地裁敗訴
2010年3月11日　名古屋高裁金沢支部敗訴
2010年7月21日　最高裁敗訴

⓰大阪・花岡国家賠償請求訴訟
被告：国
原告：大阪関係4人、花岡関係9人。追加2人
2015年6月26日、2016年7月21日　提訴（大阪地裁）
2019年1月29日　大阪地裁敗訴
2020年2月4日　大阪高裁敗訴
2021年3月24日　最高裁敗訴

※出典：長野県強制労働調査ネットワーク『本土決戦と外国人強制労働　長野県で働かされた朝鮮人・中国人・連合国軍捕虜』高文研、2023年、p186〜187
※上記に⓰大阪・花岡国家賠償請求訴訟を追加
※太字強調部分は、勝訴した裁判

中国人労工が強制労働させられた135の事業場

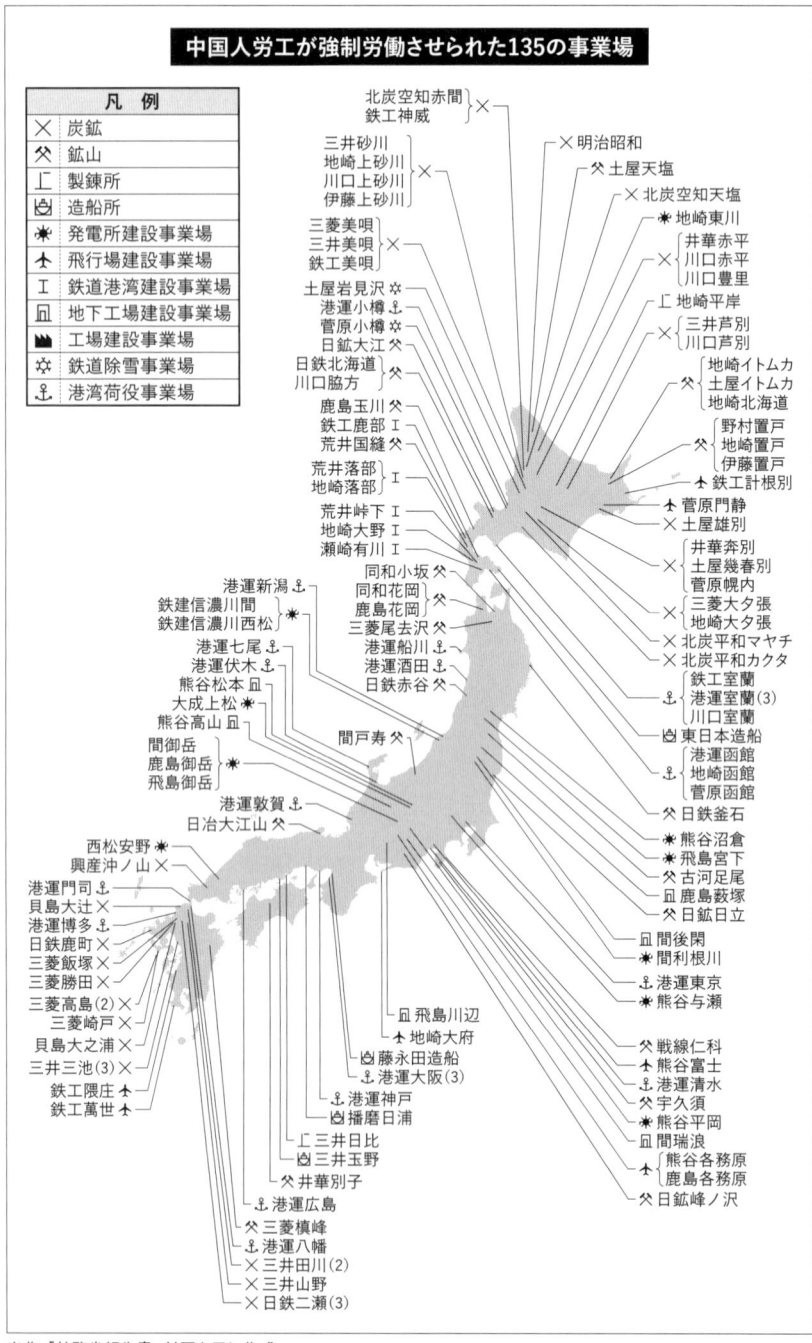

凡　例	
✕	炭鉱
⚒	鉱山
亼	製錬所
⛴	造船所
✹	発電所建設事業場
✈	飛行場建設事業場
エ	鉄道港湾建設事業場
団	地下工場建設事業場
⛏	工場建設事業場
✿	鉄道除雪事業場
⚓	港湾荷役事業場

参考文献

- 全日本港湾労働組合『全港湾運動史　第1巻』労働旬報社、1972年5月
- 日本中国友好協会（正統）中央本部編『日中友好運動史』青年出版社、1975年9月
- 全日本港湾労働組合日本海地方新潟支部『全港湾新潟運動史』1985年7月
- 田中宏、内海愛子、石飛仁解説『資料　中国人強制連行』明石書店、1987年6月
- 大阪社会労働運動史編集委員会『大阪社会労働運動史　第3巻』大阪社会運動協会、1987年
- 大阪社会労働運動史編集委員会『大阪社会労働運動史　第4巻』大阪社会運動協会、1991年
- 仁木ふみ子『関東大震災中国人虐殺』岩波ブックレット、1991年
- 仁木ふみ子『震災下の中国人虐殺　中国人労働者と王希天はなぜ殺されたか』青木書店、1993年
- NHK取材班『周恩来の決断─日中交正常化はこうして実現した』日本放送出版会、1993年3月
- 大阪・中国人強制連行をほりおこす会『大阪と中国人強制連行』1999年11月
- 杉原遼『中国人強制連行』岩波新書、2002年5月
- 中国人強制連行・劉連仁裁判勝利実行委員会編『いのちあるうちに全面解決を』2005年2月
- 西成田豊『労働力動員と強制連行』山川出版社、日本史リブレットNo.99、2009年8月
- 外村大『朝鮮人強制連行』岩波新書、2012年3月
- 東京満蒙開拓団を知る会『東京満蒙開拓団』ゆまに書房、2012年9月
- 内田雅敏『想像力と複眼的思考─沖縄・戦後補償・植民地未精算・靖国』スペース伽耶、2014年1月
- 山田陽一『日中労働組合交流史─60年の軌跡』平原社、2014年8月
- 田原洋『関東大震災と中国人─王希天事件を追跡する』岩波現代文庫、2014年8月
- NPO花岡平和記念会『花岡平和記念館─記憶を心に刻む』6.30実行委員会、2015年6月
- 大谷猛夫『日本の戦争加害がつぐなわれないのはなぜ!?─中国人被害者たちの証言と国家・加害企業・裁判所・そして私たち』合同出版、2015年7月
- 内田雅敏『和解は可能か─日本政府の歴史認識を問う』岩波ブックレットNo.930、2015年8月

- 内田雅敏「和解の新たな可能性を切り拓く―三菱マテリアル中国人強制労働事件和解」『世界』岩波書店、2016年7月
- 大澤武司『毛沢東の対日戦犯裁判』中公新書、2016年11月
- 加藤聖文『満蒙開拓団　虚妄の「日満一体」』岩波現代全書、2017年3月
- 内田雅敏『一衣帯水「平和資源」としての日中共同声明―日中間の安定的発展と未来を切り拓く四つの基本文書と2014年の合意文書』スペース伽耶、2017年7月
- 笠原十九司『日中戦争全史（上）（下）』高文研、2017年7月
- 内田雅敏「強制労働問題の和解への道すじ―花岡、西松、三菱マテリアルの事例に学ぶ」『世界』岩波書店、2019年2月
- 新村正人「戦後補償管見―記憶の承継と和解をめぐって」『世界』岩波書店、2019年2月
- 木野村間一郎『東瀛惨案　史料が語る1923年関東大震災中国人虐殺事件』関東大震災中国人受難者を追悼する会、2019年9月
- 記録集関東大震災95周年朝鮮人虐殺犠牲者追悼シンポジウム『関東大震災時の朝鮮人大虐殺と植民地支配責任』朝鮮大学校朝鮮問題研究センター、2019年9月
- NPO中帰連平和記念館『撫順の戦犯が赦された歴史を忘れない』2019年10月
- 今井清一『関東大震災と中国人虐殺事件』朔北社、2020年1月
- 鳥井一平『国家と移民―外国人労働者と日本の未来』集英社新書、2020年6月
- 内田雅敏『元徴用工和解への道―戦時被害と個人請求権』ちくま新書、2020年7月
- 労働情報全記録DVD制作チーム『労働情報全記録1977年〜2020年完全版』協同センター・労働情報、2020年12月
- 青木茂『中国に現存する万人坑と強制労働の現場―ガイドブック・初めて知る万人坑』花伝社、2022年4月
- 大阪・花岡中国人強制連行国家賠償請求訴訟訴訟団編『公道〜尊厳と公正を求める〜』社会評論社、2022年4月
- 石田隆至、張宏波『新中国の戦犯裁判と帰国後の平和実践』社会評論社、2022年12月
- 内田雅敏『飲水思源 以民促官　周恩来の決断と田中角栄の覚悟に思いを馳せる』藤田印刷エクセレントブックス、2023年4月
- フィールドワーク資料『安野発電所中国人強制連行・被爆の歴史を歩く―和解の象徴「安野中国人受難之碑」を起点に―』広島安野・中国人被害者を追悼し歴史事実を継承する会、2023年7月
- 武藤秀太郎『中国・朝鮮人の関東大震災―共助・虐殺・独立運動』慶応義塾大学出版会、2023年8月

- 朝鮮大学校朝鮮問題研究センター 在日朝鮮人関係資料室編『Q＆A関東大震災100年朝鮮人虐殺問題を考える』フォーラム平和・人権・環境、2023年9月
- 山田朗監修・長野県強制労働調査ネットワーク編著『本土決戦と外国人強制労働 長野県で働かされた朝鮮人・中国人・連合国軍捕虜』高文研、2023年9月
- POW研究会事典編集委員会『捕虜収容所・民間人抑留所事典：日本国内編』すいれん舎、2023年12月

あとがき

　群馬県高崎市の県立公園「群馬の森」にある朝鮮人の追悼碑が、2024年1月29日、県の行政代執行によって撤去された。「『記憶　反省　そして友好』の追悼碑を守る会」が行った追悼式で、参加者が「強制連行」などと発言したことは政治的発言であり、設置条件に反したことが撤去の理由である。書店に行けば、南京大虐殺はなかったという書籍が多く並んでいる。日本では、「南京大虐殺」や「強制連行」は禁句なのである。「前事を忘れろ」という歴史改竄主義がまかり通っている。

　戦争責任と戦後処理の仕方について、1972年の日中共同声明の「国家和解」と捉え、その後の戦後補償裁判を「民間和解」と捉えて、遺骨送還運動、国交正常化運動の流れを追いながら友好運動の位置を探ってみた。

　「日中不再戦の誓い」の碑にある「中国侵略戦争を労働者人民の闘争によって阻止し得なかったことを深く反省し」という言葉は重い言葉である。加害責任を労働者人民の立場から主体的に総括し、反省しなければならない。中国侵略戦争の開始を1894年の日清戦争からだと考えて執筆した。労働者人民が、「暴支膺懲」と叫んで戦争を煽り、侵略戦争を積極的に担ったことについては深く踏み込まなかったが、反省の原点であろう。「新たな戦前」と言われる現在、日本の労働者人民は差別排外主義を克服できているのだろうか。

　労働者が戦争に動員されていく過程については、徴兵制および国家総動員法の視点から捉えてみた。移民政策が、国内経済状況によって開放的になったり、閉鎖的になったりするのは諸外国の例をみても分かることである。朝鮮人の動員、中国人の動員においても強制力の程度はいろいろあったが、戦時下の動員は「強制連行」と呼ぶのにふさわしい奴隷労働そのものである。強制連行の歴史を反省しながら労働者の友好連帯について考えてみた。

　ノーベル賞作家の大江健三郎が「平和のためには敵意を捨てて和解することが必要だ」と述べたように、「和解から友好へ」の内実を深める前提として、平和は不可欠である。米ソ冷戦構造が解体され、グローバルな平和構築の時代になったにもかかわらず、実際は「テロとの戦い」が世界を覆っている。世界平和をどのように構築するのか、主権在民の世の中でその主体性が問われている。

　本書は学術書ではなく運動史である。日中労交が、労働運動のなかで、平

和運動のなかでどのような位置にいたのかという視点を忘れないように執筆した。これから新たに日中友好運動に参加する労働者が、知っておいてほしい出来事について、入門書的な役割を果たすことができれば幸いである。

　日中労交は、日本と中国の労働者が交流する組織なのだから、まず日本の労働者が中国に行くことが活動の出発点である。訪問して中国を見ること、知ることである。そのことを続けることが「子々孫々、世々代々にわたる」友好交流であり、「民を以て官を促す」力になると信じている。

　2019年に南京紀念館から、日中労交と南京紀念館との関係について話をしてくれと連絡を受けたとき、あわてて資料整理を始めた。平坂春雄元事務局長は老人施設に入居しており、彼の尼崎製鋼、兵庫県評、全港湾などすべての運動資料を大阪のエル・ライブラリーに寄贈していた。段ボール200箱を超える資料である。機関誌『日中労働者交流』のバックナンバーはなぜか1985年のほとんどの号が欠落していた。南京紀念館のインタビュー時にそろえることができた資料は、訪中団報告書と『労働情報』であった。本書は、平坂が保存していた機関誌『日中労働者交流』をベースにしている。インタビュー後も平坂資料の整理が進み、1985年訪中団に関する中華全国総工会、南京市総工会との手紙のやり取りが発見された。平坂資料の整理を担当したのは、全港湾大阪支部元副委員長の平石昇である。彼の３年間にわたる努力なしに本書の発行は出来なかった。

　本書の第１部を主に藤村妙子が、第２部を主に伊藤彰信が、第９章を平石昇が執筆した。章や節の入れ替えなどを行って原稿の整理・検討を行ったので、執筆責任は３名が共同して負うことになる。日中労交の諸先輩にも原稿を見ていただいた。このような書籍の出版に消極的な出版業界において、株式会社労働教育センターが出版を引き受けてくれた。多くのひとの協力を得て本書を出版できたことに改めて感謝する。

南京に「日中不再戦の誓い」の碑を建てて
―日中労働者交流協会50年のあゆみ

発 行 日　2024年6月30日　第1刷発行

編集・発行　日中労働者交流協会
　　　　　　〒144-0052
　　　　　　東京都大田区蒲田5-10-2 日港福会館4階
　　　　　　全日本港湾労働組合気付
　　　　　　e-mail office@chinalaborf.org

発 行 所　株式会社 労働教育センター
　　　　　　〒101-0051
　　　　　　東京都千代田区神田神保町2-2-34 千代田三信ビル5階
　　　　　　電話 03-3288-3322